REPRESENTAÇÕES SOCIAIS DE EMPREGO APOIADO

Editora Appris Ltda.
1.ª Edição - Copyright© 2024 dos autores
Direitos de Edição Reservados à Editora Appris Ltda.

Nenhuma parte desta obra poderá ser utilizada indevidamente, sem estar de acordo com a Lei nº 9.610/98. Se incorreções forem encontradas, serão de exclusiva responsabilidade de seus organizadores. Foi realizado o Depósito Legal na Fundação Biblioteca Nacional, de acordo com as Leis nos 10.994, de 14/12/2004, e 12.192, de 14/01/2010.

Catalogação na Fonte
Elaborado por: Josefina A. S. Guedes
Bibliotecária CRB 9/870

P116r 2024	Pacheco, Ana Paula de Carvalho Machado Representações sociais de emprego apoiado / Ana Paula de Carvalho Machado Pacheco. – 1. ed. – Curitiba: Appris, 2024. 217 p. ; 23 cm. – (Educação, tecnologias e transdisciplinaridade). Inclui referências. ISBN 978-65-250-5491-9 1. Educação – História. 2. Trabalho. 3. História local. 4. Integração social. 4. Inclusão escolar. I. Título. II. Série. CDD – 370.9

Livro de acordo com a normalização técnica da ABNT

Appris *editora*

Editora e Livraria Appris Ltda.
Av. Manoel Ribas, 2265 – Mercês
Curitiba/PR – CEP: 80810-002
Tel. (41) 3156 - 4731
www.editoraappris.com.br

Printed in Brazil
Impresso no Brasil

Ana Paula de Carvalho Machado Pacheco

REPRESENTAÇÕES SOCIAIS DE EMPREGO APOIADO

FICHA TÉCNICA

EDITORIAL	Augusto Coelho
	Sara C. de Andrade Coelho
COMITÊ EDITORIAL	Marli Caetano
	Andréa Barbosa Gouveia - UFPR
	Edmeire C. Pereira - UFPR
	Iraneide da Silva - UFC
	Jacques de Lima Ferreira - UP
SUPERVISOR DA PRODUÇÃO	Renata Cristina Lopes Miccelli
REVISÃO	Bruna Fernanda Martins
	Camila Dias Manoel
PRODUÇÃO EDITORIAL	Sabrina Costa
DIAGRAMAÇÃO	Andrezza Libel
CAPA	Carlos Pereira

COMITÊ CIENTÍFICO DA COLEÇÃO EDUCAÇÃO, TECNOLOGIAS E TRANSDISCIPLINARIDADE

DIREÇÃO CIENTÍFICA Dr.ª Marilda A. Behrens (PUCPR) — Dr.ª Patrícia L. Torres (PUCPR)

CONSULTORES

Dr.ª Ademilde Silveira Sartori (Udesc)

Dr. Ángel H. Facundo
(Univ. Externado de Colômbia)

Dr.ª Ariana Maria de Almeida Matos Cosme
(Universidade do Porto/Portugal)

Dr. Artieres Estevão Romeiro
(Universidade Técnica Particular de Loja-Equador)

Dr. Bento Duarte da Silva
(Universidade do Minho/Portugal)

Dr. Claudio Rama (Univ. de la Empresa-Uruguai)

Dr.ª Cristiane de Oliveira Busato Smith
(Arizona State University /EUA)

Dr.ª Dulce Márcia Cruz (Ufsc)

Dr.ª Edméa Santos (Uerj)

Dr.ª Eliane Schlemmer (Unisinos)

Dr.ª Ercilia Maria Angeli Teixeira de Paula (UEM)

Dr.ª Evelise Maria Labatut Portilho (PUCPR)

Dr.ª Evelyn de Almeida Orlando (PUCPR)

Dr. Francisco Antonio Pereira Fialho (Ufsc)

Dr.ª Fabiane Oliveira (PUCPR)

Dr.ª Iara Cordeiro de Melo Franco (PUC Minas)

Dr. João Augusto Mattar Neto (PUC-SP)

Dr. José Manuel Moran Costas
(Universidade Anhembi Morumbi)

Dr.ª Lúcia Amante (Univ. Aberta-Portugal)

Dr.ª Lucia Maria Martins Giraffa (PUCRS)

Dr. Marco Antonio da Silva (Uerj)

Dr.ª Maria Altina da Silva Ramos
(Universidade do Minho-Portugal)

Dr.ª Maria Joana Mader Joaquim (HC-UFPR)

Dr. Reginaldo Rodrigues da Costa (PUCPR)

Dr. Ricardo Antunes de Sá (UFPR)

Dr.ª Romilda Teodora Ens (PUCPR)

Dr. Rui Trindade (Univ. do Porto-Portugal)

Dr.ª Sonia Ana Charchut Leszczynski (UTFPR)

Dr.ª Vani Moreira Kenski (USP)

À minha família e aos meus alunos.

AGRADECIMENTOS

A meus pais, irmã e afilhadas, que estiveram e estão sempre prontos para ajudar, torcer e rezar por mim.

Ao meu marido, Marcelo, companheiro, paciente e que sempre me impulsiona para as conquistas.

Aos meus filhos, meus tesouros, que são a razão para minha existência.

Para o Chico, nosso cachorro, que agora do céu olha por nós, mas que sempre esteve ao meu lado na escrita da pesquisa.

Aos amigos e aos professores que fizeram parte da trajetória do doutorado em Educação.

Aos amigos do trabalho, que me apoiaram e comemoraram comigo as minhas vitórias.

Aos meus alunos, usuários de emprego apoiado, e às suas respectivas famílias, pelo amor e respeito que sempre me dedicaram.

Gratidão aos meus avós, que deram minha base.

E à minha ancestralidade, que me fez ser quem sou.

*Ser um consultor de Emprego Apoiado é saber
compartilhar com o outro sua existência,
e isso sem paixão não é possível.*

(A. P. Betti, 2011, em Emprego apoiado)

APRESENTAÇÃO

Todos percorremos caminhos, por vezes difíceis, que acreditamos nos levar a determinado ponto, e, quando vemos, chegamos a outro. Comigo não foi diferente. Nasci e cresci em uma família de advogados e, como todos esperavam, formei-me em Direito. A justiça sempre foi importante para mim, e nada mais natural do que buscá-la no Direito. Contudo, por mais que a buscasse, ela nunca estava lá, e o que encontrava era uma sensação de vazio. Somente a maturidade me permitiu admitir que a minha plenitude sempre esteve ligada à Pedagogia e ao trabalho com pessoas em situação de deficiência. Não sei explicar: minha alma sempre soube que era isso que eu vim ao mundo fazer, mas meu ego nunca concordou muito com ela, e a crença de que professora não ganhava dinheiro fazia com que meu ego ganhasse da minha alma.

Casei-me, tive filhos, e meu marido foi transferido para vários lugares. Morei três anos em Roma, dois anos em Dallas, sempre seguindo meu marido e nunca podendo trabalhar no exterior porque meu visto de acompanhante não permitia exercer nenhuma atividade laboral. Voltamos, passamos quase dois anos em São Paulo e, em 2005, fui para Manaus. Eu sempre vi e vejo a vida com otimismo, e nunca nesse período me faltou nada material. Pelo contrário, tivemos experiências fantásticas de vida. Contudo, não trabalhar me deixava com sensação de não pertencimento. Eu sei o que é não pertencer a um grupo de trabalho só seu, não pertencer a uma empresa, não ter um dinheiro que você ganhou, não ter uma rotina, não ter uma agenda para cumprir. A importância do trabalho é muito clara e concreta na minha vida.

Quando cheguei a Manaus, finalmente pude colocar em harmonia minha alma, meu ego e intelecto, e tive a certeza de que trabalhar com inclusão traria a justiça que sempre buscara. Formei-me em Pedagogia e, no mesmo trimestre, meu marido foi novamente transferido. Saímos de Manaus para Madri, e ninguém mais "me segurava". Validei meu diploma na Europa, fui aprovada no Diploma de Espanhol como Língua Estrangeira (DELE, teste de proficiência em espanhol), e cursei minha pós-graduação em Educação Especial pela Fundación Síndrome de Down de Madrid (FSDM) e pela Universidade Camilo José Cela, de Madri. Lá fiz estágio com o grupo de Habilidades da FSDM e participei do Projeto Stella de inclusão laboral.

Retornamos ao Brasil, passei em um concurso para professora de Educação Especial na Fundação de Apoio ao Ensino Técnico (FAETEC). Estou ligada ao Núcleo de Inclusão Laboral do Centro de Atendimento Especializado (CAEP) Favo de Mel da FAETEC desde 2015, prestei serviços de consultora de Emprego Apoiado (EA) para algumas empresas como Natura e Espaçolaser, coordeno o Núcleo de EA do Priorit (NEAP) e, no momento, também estou trabalhando como especialista num projeto-piloto de Moradia Independente do Instituto JNG.

Em 2016, terminei meu mestrado em Educação na UNESA, e minha dissertação foi sobre representações sociais acerca do "Trabalho do professor de Atendimento Educacional Especializado em Salas de Recursos Multifuncionais em escolas da Baixada Fluminense". Em 2017, comecei meu doutorado na UNESA e pesquisei a metodologia do EA. No ano de 2019, fiz os cursos de Introdução ao EA e Práticas do Consultor de EA da Associação Nacional de Emprego Apoiado (ANEA). Também em abril de 2019, iniciei o curso virtual de Formação em EA com o professor Alexandre Betti, terminado em fevereiro de 2021.

Desde 2020, passamos pela pandemia da doença do novo coronavírus (COVID-19) e, devido a isso, "sofremos" as mudanças nas relações de trabalho. Mais uma vez, caminhos tortuosos e a esperança de chegarmos aos objetivos que traçamos. Quem trabalha com diversidade já está habituado a pular os buracos e caminhar em direção aos portais da inclusão. Um dia a gente chega lá!

A autora

SUMÁRIO

1
INTRODUÇÃO 15

2
EMPREGO APOIADO: CONCEITO E CONTEXTO......................... 33
UM BREVE OLHAR DO PERCURSO HISTÓRICO DAS PESSOAS EM SITUAÇÃO
DE DEFICIÊNCIA SIGNIFICATIVA EM AMBIENTE DE TRABALHO 33
CONCEITUANDO E CONTEXTUALIZANDO O EA............................41
PAPEL DO CONSULTOR E A PRÁTICA EDUCATIVA: AS TRÊS FASES DO EA 46

3
A RELAÇÃO INCLUSÃO-EXCLUSÃO NA ABORDAGEM DO EMPREGO
APOIADO... 53

4
REFERENCIAL TEÓRICO-METODOLÓGICO: TEORIA DAS
REPRESENTAÇÕES SOCIAIS.. 63
A TEORIA DAS REPRESENTAÇÕES SOCIAIS: ASPECTOS GERAIS............63
REPRESENTAÇÕES SOCIAIS E PRÁTICAS....................................70
REPRESENTAÇÕES SOCIAIS, EDUCAÇÃO E EDUCAÇÃO INCLUSIVA 72

5
PROCEDIMENTOS METODOLÓGICOS.................................... 77
OS SUJEITOS E O CAMPO DA PESQUISA....................................78
TÉCNICAS DE COLETA DE DADOS..81
QUESTIONÁRIO DE CARACTERIZAÇÃO SOCIOPROFISSIONAL 81
INVENTÁRIO DE PRÁTICAS EDUCATIVAS...................................82
ENTREVISTAS INDIVIDUAIS SEMIESTRUTURADAS.........................84
TÉCNICAS PARA A ANÁLISE DOS DADOS 85

6
APRESENTAÇÃO E DISCUSSÃO DOS RESULTADOS...................... 89
PERFIL DOS SUJEITOS PARTICIPANTES 89
ANÁLISE DAS ENTREVISTAS SEMIESTRUTURADAS 96

ANÁLISE DAS RESPOSTAS AO INSTRUMENTO "INVENTÁRIO DE PRÁTICAS EDUCATIVAS" 115

PERGUNTAS RELACIONADAS À FASE 1 DA METODOLOGIA DO EA: ELABO-RAÇÃO DO PERFIL VOCACIONAL...119

PERGUNTAS RELACIONADAS À FASE 2 DO EA: DESENVOLVIMENTO DO EMPREGO 141

PERGUNTAS RELACIONADAS À FASE 3 DO EA: COLOCAÇÃO E PÓS-COLO-CAÇÃO 154

PERGUNTAS RELACIONADAS ÀS TRÊS FASES 169

O NÚCLEO/MODELO FIGURATIVO DA REPRESENTAÇÃO SOCIAL DE EMPREGO APOIADO POR CONSULTORES: UMA HIPÓTESE INTERPRETA-TIVA 176

6
NÚCLEO DE EMPREGO APOIADO DO INSTITUTO PRIORIT 183

UNINDO METODOLOGIAS 183

RELATOS DE CASO DE ACOMPANHAMENTO PROFISSIONAL DO NEAP ..187

7
CONSIDERAÇÕES FINAIS 195

REFERÊNCIAS...199

INTRODUÇÃO

Atualmente vivenciamos importantes discussões sobre a inclusão social, o que incide diretamente sobre inclusão em ambiente de trabalho[1] e, consequentemente, em práticas educativas que propiciem tal inclusão. O conceito de inclusão social que adotaremos está fundamentado no reconhecimento e na aceitação da diversidade, com garantia de igualdade, acesso e oportunidade de todos ao espaço comum da vida em sociedade[2], sendo efetuados ajustes mútuos para que indivíduo e sociedade se preparem para o atendimento das demandas das pessoas em situação de deficiência mais significativa[3].

Dentre o público de pessoas em situação de deficiência mais significativa, destacamos as Pessoas com Deficiência (PcDs) intelectual, física, sensorial, autismo e deficiência psicossocial. Tradicionalmente e legalmente, são chamadas pessoas com deficiência, mas neste livro adotaremos o termo "pessoas em situação de deficiência mais significativa", primeiro para reforçarmos o conceito biopsicossocial que a Legislação Brasileira de Inclusão (LBI) trouxe em seu bojo. Depois, por entendermos que a palavra "deficiência" pode estar carregada de sentidos e significados atrelados ao modelo biomédico como indicado na Classificação Internacional das Deficiências, Incapacidades e Desvantagens (CIDID), ligando a deficiência

---

[1] Adotaremos a sinonímia entre "inclusão no ambiente de trabalho" e "inclusão laboral", uma vez que ambas se referem a qualquer atividade relacionada com trabalho.

[2] ARANHA, M. S. F. **Trabalho e emprego**: instrumento de construção da identidade pessoal e social. Brasília: Corde, 2003; SASSAKI, R. K. **Vida independente**: história, movimento, liderança, conceito, filosofia e fundamentos. São Paulo: RNR, 2003; SASSAKI, R. K. **Inclusão**: construindo uma sociedade para todos. 8. ed. Rio de Janeiro: WVA, 2010.

[3] Por se tratar de pesquisa sobre emprego apoiado, será utilizada a expressão "pessoas em situação de deficiência significativa", usual nesse campo de conhecimento. Será utilizado, também, o termo "pessoa com deficiência", por ser usado legalmente conforme Art. 2.º, inciso I, da Portaria n.º 2.344, de 3 de novembro de 2010, da Presidência da República e Secretaria de Direitos Humanos, e na Lei n.º 13.146, que instituiu a Lei Brasileira da Pessoa com Deficiência (Estatuto da Pessoa com Deficiência), considerando que a pessoa com deficiência é "aquela que tem impedimento de longo prazo de natureza física, mental, intelectual ou sensorial, o qual, em interação com uma ou mais barreiras, pode obstruir sua participação plena e efetiva na sociedade em igualdade de condições com as demais pessoas" (BRASIL, 2015, Art. 2.º). Em alguns momentos, outros termos serão usados conforme disposto na literatura consultada.

estritamente à pessoa, e por defendemos o modelo biopsicossocial, voltado às funções e às estruturas corporais, ao nível de atividade e participação da PcD, aos fatores pessoais e ambientais que interferem, direta ou indiretamente, na funcionalidade dessas pessoas, tal como propõe a Classificação Internacional de Funcionalidade (CIF).

Percebemos quanto a deficiência em nossa cultura está ancorada na pessoa quando nos deparamos, por exemplo, com o texto de Gardou[4]: "Ser 'não deficiente' é a norma, isto vale por si mesmo, isto faz parte da nossa ordem das coisas. É pertencer ao que os etnolinguistas chamam uma 'categoria não marcada'". Dessa forma, entendemos que a deficiência existe no ambiente e, por isso, deve haver uma relação entre o ambiente, a legislação, as políticas públicas e os apoios.

A escolha do termo foi também apoiada em Betti[5], que adota a terminologia "pessoas em situação de incapacidade mais significativa" e fundamenta a escolha do termo na tradução brasileira do termo *"disability"* feita pela CIF. Segundo o autor,

> [...] o manual caracteriza incapacidade como resultado de uma relação complexa entre a condição de saúde do indivíduo e os fatores pessoais, com os fatores externos que representam as circunstâncias nas quais o indivíduo vive.

Já o termo "significativa" foi utilizado porque

> [...] são pessoas que demandam estratégias de apoio mais intensas para romper as barreiras de acesso ao trabalho, ou seja, não são todas as pessoas que apresentam uma situação de incapacidade que precisam de Emprego Apoiado.[6]

Nas palavras de Omote[7], "ainda que possa parecer paradoxal, a construção de uma sociedade inclusiva requer a construção de serviços especiais e não a sua dispensa sob a suposição de que eles só segregam". Em função da necessidade de criar serviços específicos para a inclusão em ambiente de trabalho e considerando as dificuldades enfrentadas para a capacitação

---

[4] GARDOU, C. Quais os contributos da Antropologia para a compreensão das situações de deficiência? **Revista Lusófona de Educação**, [*S.l.*], v. 8, n. 8, 2016. p. 56. Disponível em: https://recil.grupolusofona.pt/bitstream/10437/1454/1/Educacao08_gardou.pdf. Acesso em: 30 ago. 2021.

[5] BETTI, A. P. **Emprego apoiado**. São Paulo: agBook, 2011.

[6] BETTI, 2011, p. 19.

[7] OMOTE, S. Inclusão escolar e social: a ética entre o estigma e a inclusão. *In*: MARTINS, L. A. R.; PIRES, G. N. L.; PIRES, J. (org.). **Inclusão escolar e social**: novos contextos, novos aportes. Natal: EDUFRN, 2012. p. 39-54. p. 51.

laboral das pessoas em situação de deficiência mais significativa, este livro destaca a metodologia do Emprego Apoiado (EA), abordando Representações Sociais (RS) de consultores sobre EA no ambiente de trabalho e suas práticas educativas.

Supported Employment, sua nomenclatura de origem, é um movimento que teve início nos Estados Unidos da América (EUA) nos primeiros anos da década de 80 do século XX e

> [...] que criou diversas metodologias, mas sobretudo acentuou extraordinariamente a necessidade de as pessoas com deficiência poderem partilhar um emprego, uma vida, no seio de todas as outras pessoas.[8]

Sua melhor tradução, de acordo com Sousa, seria "emprego apoiado em mercado aberto", porque evidenciou a necessidade de "as pessoas com deficiência mais assinaláveis"[9] partilharem um emprego com outras pessoas.

O EA vem cada dia mais ganhando força no Brasil e desponta como uma possível metodologia de contribuição para a inclusão e manutenção em ambiente de trabalho. Barboza[10] argumenta que tal metodologia potencializa a inclusão e destaca que a *Stanford Social Innovation Review*[11] coloca o EA entre as dez recentes inovações sociais[12], pois o valor que gera beneficia não apenas alguns indivíduos, mas a sociedade como um todo.

Genelioux[13] refere-se ao EA como "uma abordagem programática que funciona". Barbosa Júnior[14] acrescenta que o EA surge para atender aos mais excluídos, sendo uma metodologia que traz vantagens para as

---

[8] SOUSA, A. Emprego apoiado: uma primeira abordagem. **Psicologia**, [*S.l.*], v. 14, n. 1, p. 73-82, 2000. p. 77. Disponível em: http://www.scielo.mec.pt/pdf/psi/v14n1/v14n1a07.pdf. Acesso em: 11 jan. 2019.

[9] *Ibidem*, p. 73.

[10] BARBOZA, F. B. **A Identidade e o papel do profissional de emprego apoiado.** 2019. Tese (Doutorado em Administração) – Pontifícia Universidade Católica de São Paulo, São Paulo, 2019.

[11] *Stanford Social Innovation Review* é um site de revista trimestral sobre inovação social publicado pelo Stanford Center on Philanthropy and Civil Society da Stanford University. Disponível em: https://pacscenter.stanford.edu/. Acesso em: 3 out. 2019.

[12] Segundo a *Stanford Social Innovation Review*, inovação social é uma nova solução para um problema social. Uma solução mais efetiva, eficiente, sustentável ou justa do que as soluções já existentes. Disponível em: https://ssir.org. Acesso em: 3 out. 2019.

[13] GENELIOUX, M. M. **Emprego apoiado e satisfação**: a perspectiva de pessoas integradas em mercado competitivo de trabalho. Lisboa: Secretariado Nacional para a Reabilitação e Integração das Pessoas com Deficiência, 2005. p. 68.

[14] BARBOSA JÚNIOR, O. F. **O emprego apoiado na inclusão de pessoas com deficiência**: um estudo em organizações sociais no brasil. 2018. Tese (Doutorado) – Pontifícia Universidade Católica de Minas Gerais, Belo Horizonte, 2018.

empresas, pois tem um passo a passo, um roteiro e uma linguagem fácil de se adaptar ao mundo empresarial. Já Sassaki[15], que desenvolve estudos sobre os direitos e autonomia das PcDs, considera que o "emprego apoiado não tem resposta para tudo, mas está aberto a inclusão".

Para Betti[16],

> O Emprego Apoiado é uma metodologia que visa a inclusão no mercado competitivo de trabalho[17] — empregos em empresas públicas ou privadas, trabalho autônomo, estabelecimento de negócio próprio, participação em cooperativas e outros empreendimentos da economia solidária — de pessoas em situação de incapacidades mais significativas, respeitando e reconhecendo suas escolhas, interesses, pontos fortes e necessidades de apoio.

Romeu Sassaki, em entrevista para a Fundação FEAC[18], durante o III Encontro Nacional de EA, realizado em Campinas, em 2018, assinalou uma das vantagens do EA em relação a outras metodologias tradicionais de inclusão laboral:

> A colocação de pessoas com deficiência no mercado existe no Brasil há mais 60 anos, mas só quem conseguia entrar no mercado eram pessoas com deficiência leve. As pessoas com deficiência severa ou com maior comprometimento ficavam de fora e a metodologia tradicional não funcionava. O Emprego Apoiado é muito bacana porque consegue colocar

---

[15] SASSAKI, R. K. História do emprego apoiado no Brasil. *In*: PARANÁ. Secretaria de Educação. Departamento de Educação Especial. **Formação em ação**. [Curitiba]: DEE, 1 sem. 2017. Anexo 2, p. 1-4. Disponível em: http://www.educadores.diaadia.pr.gov.br/arquivos/File/formacao_acao/1semestre2017/fa2017_escolas_especializadas_anexo2.pdf. Acesso em: 22 fev. 2019. Anotações feitas durante o curso introdutório de Emprego Apoiado promovido pela Associação Nacional de Emprego Apoiado (ANEA) em abril de 2019.

[16] BETTI, A. P. Perspectivas do emprego apoiado: mudanças na forma de se pensar e conceber o acesso ao trabalho de pessoas com deficiência intelectual são necessárias e urgentes. **Revista Deficiência Intelectual**, [*S.l.*], ano 4, n. 6, p. 12-16, jan./jun. 2014. p. 4. Disponível em: http://www.apaesp.org.br/pt-br/sobre-deficiencia-intelectual/publicacoes/PublishingImages/revista-di/artigos_pdf/DI-N6. Acesso em: 3 out. 2019.

[17] Entende-se por trabalho competitivo aquele executado com salário, benefícios e que acontece num espaço inclusivo (DELGADO-GARCIA, J. C.; PASSONI, I. A relação do emprego apoiado com a qualidade de vida das pessoas com deficiência: efeitos baseados em evidências. *In*: ITS BRASIL (org.). **Emprego apoiado e qualidade de vida**: como se faz. São Paulo: ITS Brasil, 2017. p. 12-31. Disponível em: tsbrasil.org.br/2018/09/04/emprego-apoiado-e-qualidade-de-vida. Acesso em: 10 ago. 2021; WEHMAN, P. Supported employment: what is it? **Journal of Vocational Rehabilitation**, Richmond, v. 37, n. 3, p. 139-142, 2012. Disponível em: https://content.iospress.com/articles/journal-of-vocational-rehabilitation/jvr607. Acesso em: 22 jul. 2021; BARBOSA JÚNIOR, 2018).

[18] A Fundação FEAC, localizada em Campinas, SP, é uma organização independente, privada, de interesse público, sem vínculos político-partidários, com fins não econômicos, fundada em 1964. Disponível em: https://www.feac.org.br/. Acesso em: 3 out. 2019.

> no mercado de trabalho quem a metodologia tradicional não conseguia. A maior vantagem é a produtividade das pessoas que nós colocamos.[19]

Betti[20] aponta que um dos pressupostos da metodologia do EA é a presunção de empregabilidade para todos. O autor considera que "é a situação que gera uma incapacidade mais significativa para se conseguir um trabalho e não o indivíduo que possui uma incapacidade mais severa"[21]. Como já explicava Lepri[22], essa "situação", que é capaz de gerar a incapacidade, é o "lugar onde se expressa a relação entre a pessoa e o mundo, com sua carga de verdade que dá sentido a qualquer ação educativa".

Sassaki[23] defende, na metodologia do EA, o conceito de exclusão zero, que se refere ao ato de incluir no ambiente de trabalho todas as pessoas, independentemente de suas condições ou características. Para esse autor, a inclusão social deve ser bilateral, com a participação da sociedade executando pequenas ou grandes transformações tanto no ambiente físico quanto nos procedimentos humanos, e pelo lado da pessoa com deficiência, que "vai adquirindo competências e habilidades para viver com o nível máximo de autonomia e independência"[24]. Parecendo concordar com Sassaki[25], Redig e Glat[26] chamam atenção para a importância de a sociedade mudar sua visão a respeito do potencial de produtividade de PcD, pois "o foco é, geralmente, colocado nas limitações do sujeito e não se reconhece as barreiras existentes no ambiente de trabalho bem como a dificuldade das demais pessoas em lidar com ele".

A maioria dos programas existentes para a colocação em ambiente de trabalho ainda está pautada no modelo biomédico, com investimento de tempo e dinheiro para "preparar" o indivíduo para ir para o mercado de

---

[19] FERRAZ, A. **Emprego apoiado**: trabalho para todos com a promoção da inclusão. Entrevistado: Romeu Sassaki. Campinas: Fundação FEAC, 20 dez. 2019. Disponível em: https://feac.org.br/emprego-apoiado-trabalho-para-todos-com-a-promocao-da-inclusao/#:~:text=%E2%80%9CA%20coloca%C3%A7%C3%A3o%20de%20pessoas%20com,a%20metodologia%20tradicional%20n%C3%A3o%20funcionava. Acesso em: 11 ago. 2023.

[20] Anotações feitas durante o curso introdutório de Emprego Apoiado promovido pela ANEA em abril de 2019.

[21] BETTI, 2014, p. 5.

[22] LEPRI, C. **Viajantes inesperados**: notas sobre a inclusão social das pessoas com deficiência. Campinas: Saberes, 2012. p. 172.

[23] SASSAKI, 2010.

[24] *Ibidem*, p. 39.

[25] *Ibidem*.

[26] REDIG, A. G.; GLAT, R. Programa educacional especializado para capacitação e inclusão no trabalho de pessoas com deficiência intelectual. **Ensaio**: Avaliação e Políticas Públicas em Educação, [*S.l.*], v. 25, n. 95, p. 330-355, abr./jun. 2017. p. 339. Disponível em: https://www.scielo.br/pdf/ensaio/v25n95/1809-4465-ensaio-S0104-40362017002500869.pdf. Acesso em: 7 mar. 2019.

trabalho. O EA, no entanto, está compromissado com uma visão baseada no modelo biopsicossocial da deficiência, seu grande ponto de tensão para o sucesso.

No modelo biomédico, marcado pela dicotomia entre normal e patológico, o foco está nas questões fisiológicas. A visão que se tem é de um corpo doente, e o objetivo é restaurar esse corpo à condição de normalidade. Os esforços para reparar os impedimentos corporais e as desvantagens naturais visam a que as pessoas possam se adequar a um padrão de funcionamento típico da espécie[27]. O modelo biopsicossocial altera radicalmente a noção de deficiência, pois interpretou-a como um produto de uma sociedade "descapacitante" ou "incapacitante", e não como resultado de uma patologia no corpo do indivíduo. Ser incapacitado pela sociedade relaciona-se diretamente com a discriminação, que restringe a participação das pessoas com deficiência no meio social[28].

Importante ressaltar que é essa nova maneira de pensar do EA, que deixa de lado o modelo biomédico e passa a focalizar o modelo biopsicossocial, que proporcionará mudança na situação de deficiência mais significativa do indivíduo e que será alterada na medida em que for implementado um eficaz plano de apoio que possibilite um justo confronto com barreiras ambientais que prejudiquem ou impeçam a realização de atividades na comunidade, no trabalho e no estudo.

Dessa maneira, preconceitos que vêm junto ao usuário do EA, tais como falta de escolarização e pouca formação profissional, serão gradativamente eliminados. Wehman *et al.*[29] definiram como usuário do EA os indivíduos que necessitam de apoio contínuo e individualizado, tais como: pessoas com autismo, com deficiência intelectual ou com deficiência múltipla. Esse apoio em ambiente de trabalho, citado pelos autores, é dado também pela figura do consultor de EA, sujeito desta pesquisa.

Ao encararmos a realidade da colocação das pessoas em situação de deficiência mais significativa, em ambiente de trabalho no Brasil, o que encontramos na maioria dos casos não são modelos pautados pelo paradigma

---

[27] DINIZ, D.; BARBOSA, L.; SANTOS, W. R. Deficiência, direitos humanos e justiça. **Sur**: Revista Internacional de Direitos Humanos, São Paulo, v. 6, n. 11, p. 65-77, 2009. Disponível em: https://www.scielo.br/pdf/sur/v6n11/04.pdf. Acesso em: 15 jan. 2021.

[28] BISOL, C. A.; PEGORINI, N. N.; VALENTINI, C. B. Pensar a deficiência a partir dos modelos médico, social e pós-social. **Caderno de Pesquisa**, [S.l.], v. 24, n. 1, jan./abr. 2017. DOI 10.18764/2178-2229.v24n1p87-100.

[29] SHAFER, M. *et al.* Competitive employment and workers with mental retardation: analysis of employer's perceptions and experiences. **American Journal on Mental Retardation**, [S.l.], n. 92, p. 304-311, 1987. Disponível em: https://pubmed.ncbi.nlm.nih.gov/3426841/. Acesso em: 7 out. 2020.

da inclusão, e sim no paradigma da integração. A inclusão e a integração são conceitos distintos e que, na prática, influenciam o sucesso do usuário do EA no ambiente de trabalho.

No paradigma da integração, a diversidade é negada e o indivíduo é quem se adequa ao trabalho, sendo refutado qualquer tipo de acessibilidade. Sassaki[30] identifica quatro fases na relação da PcD com o ambiente de trabalho: 1) exclusão, que tinha um olhar de protecionismo e a visão de que a PcD não tinham capacidade laborativa; 2) segregação, quando a PcD ficava em instituições e ali trabalhava com remuneração baixa e sem vínculo de emprego; 3) integração, quando já obtém vínculo de emprego, mas sem adaptação nas empresas, salvo pequenos ajustes nos postos de trabalho, e com frequência são criados setores exclusivos de PcD; 4) inclusão, em que o mundo do trabalho tende a considerar os dois lados, o da PcD e o da empresa, que precisam ser preparadas para uma nova relação de convívio, uma inclusão de fato. Na inclusão, o usuário do EA está inserido no ambiente de trabalho de forma radical, completa e sistemática, sendo respeitada sua individualidade, levadas em consideração suas necessidades e dados os meios para que ele alcance a produtividade.

Ainda nos dias de hoje, podemos encontrar situações de segregação ou exclusão, pois, caso os indivíduos que precisam ser "preparados" não consigam atingir o nível que hipoteticamente se espera deles, trabalharão em Oficinas Protegidas (OP) ou não irão para o ambiente de trabalho. O EA coloca-se, então, como uma metodologia que nasceu em contraponto às oficinas protegidas de trabalho, está assentado no modelo social, e tem em seu bojo práticas educativas exercidas pelos consultores que devem estar pautadas integralmente na inclusão. Em relação às oficinas protegidas, elas estão citadas e divididas em OP de produção e OP terapêutica no Decreto 3.298/1999, Art. 35, § 4.º e 5.º:

> § 4º Considera-se oficina protegida de produção a unidade que funciona em relação de dependência com entidade pública ou beneficente de assistência social, que tem por objetivo desenvolver programa de habilitação profissional para adolescente e adulto portador de deficiência, provendo-o com trabalho remunerado, com vista à emancipação econômica e pessoal relativa.
>
> § 5º Considera-se oficina protegida terapêutica a unidade que funciona em relação de dependência com entidade pública ou beneficente de assistência social, que tem por objetivo a integração social por meio de atividades de adaptação e capacitação para o trabalho de adolescente e adulto que devido ao

---

[30] SASSAKI, 2003.

seu grau de deficiência, transitória ou permanente, não possa desempenhar atividade laboral no mercado competitivo de trabalho ou em oficina protegida de produção.[31]

Pesquisa realizada por Violante e Leite[32] sobre a inclusão social no ambiente de trabalho, tendo como sujeitos funcionários do setor de Recursos Humanos, revelou que grande parte dos entrevistados concebia a deficiência como um fenômeno de caráter individual. As autoras concluíram que:

> Embora tenham discursado sobre direitos iguais a todas as pessoas, grande parte ainda não apresenta discurso condizente com os pressupostos inclusivos, pois deixa de realizar ações de suporte para atender essa demanda populacional, esperando que o próprio indivíduo se ajuste às condições postas.[33]

Pereira, Del Prette e Del Prette[34] afirmam que, do ponto de vista do usuário do EA, o trabalho na vida do indivíduo incluído é extremamente importante para eles, porque serão mais valorizados pessoal e socialmente. Porém, para isso, é necessário superar antigas práticas assistencialistas e reconhecer suas potencialidades.

Tanto a inclusão social como a inclusão no ambiente de trabalho pressupõem o respeito à diversidade e à igualdade de oportunidade, buscando rupturas com a discriminação e com barreiras sociais ou culturais. Nesse contexto, sociedade e a empresa têm responsabilidades que coexistem e ambas devem fazer os ajustes necessários para suprir as questões de todo e qualquer indivíduo. Carvalho[35] relaciona inclusão no ambiente de trabalho à inclusão social, explicando que:

> A preparação e inclusão da pessoa com deficiência no mercado de trabalho é requisito básico para o processo maior que é o de Inclusão Social. Traduz-se na convivência de pessoas que são

---

[31] BRASIL. **Decreto nº 3.298, de 20 de dezembro de 1999.** Regulamenta a Lei nº 7853, de 24 de outubro de 1989, que dispõe sobre a Política Nacional para a Integração da Pessoa Portadora de Deficiência, consolida as normas de proteção e dá outras providências. Brasília: Presidência da República, 1999. Disponível em: http://www.planalto.gov.br/ccivil_03/decreto/d3298.htm. Acesso em: 9 jan. 2017.

[32] VIOLANTE, R. R.; LEITE, L. P. A empregabilidade das pessoas com deficiência: uma análise da inclusão social no mercado de trabalho do município de Bauru, SP. **Cadernos de Psicologia Social do Trabalho**, [*S.l.*], v. 14, n. 1, p. 73-91, 2011. Disponível em: https://www.revistas.usp.br/cpst/article/view/25717/27450. Acesso em: 22 fev. 2021.

[33] *Ibidem*, p. 73.

[34] PEREIRA, C. S.; DEL PRETTE, A.; DEL PRETTE, Z. A. Qual o significado do trabalho para as pessoas com e sem deficiência física? **PsicoUSF**, [*S.l.*], v. 13, n. 1, p. 105-114, 2008. Disponível em: https://www.scielo.br/pdf/pusf/v13n1/v13n1a13.pdf. Acesso em: 23 jun. 2018.

[35] CARVALHO, A. C. **Plano individual para a vida adulta para pessoas com deficiência intelectual.** 2018. Dissertação (Mestrado Profissional em Diversidade e Inclusão) – Universidade Federal Fluminense, Niterói, 2018. p. 39.

tidas como diferentes com os demais membros da sociedade. Assim sendo, a partir do paradigma da inclusão social e da necessidade do acolhimento da pessoa com deficiência em todos os setores, onde o trabalho constitui-se como uma efetiva dimensão, a discussão da inserção no mundo do trabalho faz-se presente, sendo motivo de preocupações por parte dos governantes, das escolas, da família e da própria pessoa com deficiência.

Vieira, Vieira e Francischetti[36] chamaram atenção para a necessidade de se perceber o que pede o mercado de trabalho e assim se fazerem as transformações e as adaptações pertinentes para a inclusão. Em muitas situações laborais, conforme explica Sassaki[37], são indispensáveis adaptações razoáveis[38] para tornar viável a inclusão da PcD no ambiente de trabalho. Para Coutinho, Rodrigues e Passerin[39], essas adaptações muitas vezes não acontecem por preconceito dos trabalhadores sem deficiência que atribuem exclusivamente à pessoa com deficiência as limitações no trabalho, sem levar em consideração que essa limitação pode advir do contexto laboral e que, em muitos casos, simples adaptações já seriam suficientes para a inclusão no ambiente de trabalho.

Embora tenha havido um avanço significativo na inserção dessas pessoas com o aquecimento do mercado de trabalho para elas, como Hammes e Nuernberg[40] explicam, esse avanço não é suficiente para garantir sua inclusão. Os autores citam dados da Relação Anual de Informações Sociais publicados em 2012 para mostrar que 0,7% do total de trabalhadores brasileiros são

---

[36] VIEIRA, C. M.; VIEIRA, P. M.; FRANCISCHETTI, I. Profissionalização de pessoas com deficiência: reflexões e possíveis contribuições da Psicologia. **Revista Psicologia**: Organizações e Trabalho, [*S.l.*], v. 15, n. 4, p. 352-361, out./dez. 2015. Disponível em: file:///C:/Users/Vera/Documents/DOUTORADO/artigo%20Vieira%20 e%20Vieira%20Profissionaliza%C3%A7%C3%A3o%20de%20pessoas%20com%20defici%C3%AAncia.pdf. Acesso em: 8 out. 2019.

[37] SASSAKI, 2017.

[38] De acordo com a Lei n.º 13.146, de 6 de julho de 2015, Art. 3.º, VI, adaptações razoáveis são "adaptações, modificações e ajustes necessários e adequados que não acarretem ônus desproporcional e indevido, quando requeridos em cada caso, a fim de assegurar que a pessoa com deficiência possa gozar ou exercer, em igualdade de condições e oportunidades com as demais pessoas, todos os direitos e liberdades fundamentais" (BRASIL. **Lei nº 13.146, de 6 de julho de 2015**. Institui a Lei Brasileira de Inclusão da Pessoa com Deficiência (Estatuto da Pessoa com Deficiência). Brasília: Presidência da República, 2015. Disponível em: http://www.planalto.gov.br/ccivil_03/_ato20152018/2015/Lei/L13146.htm. Acesso em: 14 jan. 2018).

[39] COUTINHO, K. S.; RODRIGUES, G. F.; PASSERINO, L. M. O trabalho de colaboradores com deficiência nas empresas: com a voz os gestores de recursos humanos. **Revista Brasileira de Educação Especial**, [*S.l.*], v. 23, n. 2, p. 261-278, abr./jun. 2017. Disponível em: https://www.lume.ufrgs.br/bitstream/handle/10183/173482/001056833.pdf?sequence=1. Acesso em: 15 jan. 2020.

[40] HAMMES, I. C.; NUERNBERG, A. H. A inclusão de pessoas com deficiência no contexto do trabalho em Florianópolis: relato de experiência no Sistema Nacional de Emprego. **Psicologia**: Ciência e Profissão, [*S.l.*], v. 35, n. 3, p. 768-780, 2015. Disponível em: https://www.scielo.br/pdf/pcp/v35n3/1982-3703-pcp-35-3-0768.pdf. Acesso em: 22 fev. 2021.

pessoas com deficiência; e referem-se a Lancillotti[41] para evidenciar que "os menos absorvidos são, justamente, pessoas com deficiência mental, que apresentam maiores dificuldades para alcançar escolarização compatível com as regras do mercado contemporâneo"[42]. É o que também registraram Bezerra e Vieira[43] ao abordarem a inclusão social e afirmarem que esta se torna "muito mais complexa quando se discute a igualdade de oportunidades no mercado de trabalho para a pessoa com deficiência intelectual". Redig[44] chama atenção para o baixo número de contratação de funcionários com deficiência intelectual e múltipla, e alerta sobre a necessidade de repensar a inserção no mercado de trabalho, sendo "preciso criar ações que possibilitem uma inclusão pautada em condições efetivas de oportunidades para todos os sujeitos".

Diversos pesquisadores têm procurado compreender a razão do baixo número de contratação de pessoas com deficiência intelectual[45], e seus estudos apontam que isso estaria relacionado a necessidade de escolaridade, pouca formação profissional, preconceito, falta de adaptação do ambiente de trabalho, pouca cultura inclusiva nas empresas, escassos programas de orientação e qualificação profissional, pouco apoio do governo, falta de um processo de transição da escola para o trabalho e medo das famílias.

---

[41] LANCILLOTTI, S. S. P. **Deficiência e trabalho**: redimensionando o singular no contexto universal. Campinas: Autores Associados, 2003.

[42] HAMMES; NUERNBERG, 2015, p. 770.

[43] BEZERRA, S. S.; VIEIRA, M. M. F. Pessoa com deficiência intelectual: a nova "ralé" das organizações do trabalho. **Revista de Administração de Empresas**, São Paulo, v. 52, n. 2, p. 232-244, mar./abr. 2012. p. 234. Disponível em: https://rae.fgv.br/sites/rae.fgv.br/files/artigos/10.1590_s0034-75902012000200009_0.pdf. Acesso em: 22 mar. 2021.

[44] REDIG, A. G. **Inclusão de jovens com deficiência intelectual em atividades laborais**: customização do trabalho. 2014. Tese (Doutorado em Educação) – Universidade do Estado do Rio de Janeiro, 2014. p. 159.

[45] TANAKA, E. D. O.; MANZINI, E. J. O que os empregadores pensam sobre o trabalho da pessoa com deficiência? **Revista Brasileira de Educação Especial**, [S.l.], v. 11, n. 2, p. 273-294, 2005. Disponível em: https://www.scielo.br/pdf/rbee/v11n2/v11n2a8.pdf. Acesso em: 10 mar. 2021; LOBATO, B. C. **Pessoas com deficiência no mercado de trabalho**: implicações da Lei de Cotas. 2009. Dissertação (Mestrado em Educação) – Universidade Federal de São Carlos, São Carlos, 2009; MASSON, M. J. B. **Educação e trabalho**: a constituição do trabalhador deficiente intelectual. Dissertação (Mestrado) – Universidade Metodista de Piracicaba, Piracicaba, 2009; CÉZAR, K. R. **As pessoas com deficiência intelectual e o direito à inclusão no trabalho**: a efetividade da Lei de Cotas. Dissertação (Mestrado em Direito) – Universidade de São Paulo, São Paulo, 2010. Disponível em: http://www.teses.usp.br/teses/disponiveis/2/2138/tde-01082011-090820/en.php. Acesso em: 11 jan. 2020; IVATIUK, A. L.; PIZÃO YOSHIDA, E. M. Orientação profissional de pessoas com deficiências: revisão de literatura (2000-2009). **Revista Brasileira de Orientação Profissional**, [S.l.], v. 11, n. 1, 2010. Disponível em: http://pepsic.bvsalud.org/scielo.php?script=sci_arttext&pid=S1679-33902010000100010. Acesso em: 29 ago. 2021; PEREIRA-SILVA, N. L.; FURTADO, A. V. Inclusão no trabalho: a vivência de pessoas com deficiência intelectual. **Interação em Psicologia**, [S.l.], v. 16, n. 1, p. 95-100, 2012; REDIG, 2014; VIEIRA; VIEIRA; FRANCISCHETTI, 2015; SASSAKI, 2017.

Cézar[46] constatou em sua pesquisa que a maior responsável pela não contratação das pessoas em situação de deficiência mais significativa são as barreiras atitudinais[47]. O autor esclarece ainda que a falta de escolaridade também é um empecilho para a contratação, uma vez que a simples informação das habilidades e competências não é suficiente para as empresas, devendo constar em seu currículo a certificação da escolaridade, que, para as pessoas em situação de deficiência mais significativa, é mais difícil obter. Nesse sentido, Tanaka e Manzini[48] haviam alertado que a falta de preparo profissional da pessoa com deficiência e sua pouca acessibilidade social, associada a uma cultura organizacional não tão inclusiva nas empresas, também dificultam a contratação de trabalhadores com deficiência intelectual. Os autores concluem que os cargos inferiores nas empresas são ocupados pelas pessoas com deficiência intelectual e que estas são discriminadas pelos trabalhadores que compartilham o mesmo cargo por estes considerarem-nas inferiores devido a suas limitações cognitivas.

Redig[49] em seus estudos chama atenção para a falta de um programa de transição da escola para a vida adulta, que facilite a inclusão laboral e diminua as barreiras para o emprego. Para a autora, "o ideal é que esse percurso fosse iniciado ainda na própria escola, por meio de programas que oportunizem situações de experiências de trabalho, informações e adquira habilidades laborais e sociais". Mascaro[50] corrobora Redig[51] sobre a necessidade de projetos de transição e chama atenção para alguns casos de apoio insuficiente da família..

Em 2006, documento publicado pela Organização Internacional do Trabalho (OIT)[52] registrou que existiam no mundo, no início da década de 2010, cerca de 386 milhões de pessoas com deficiência com idade para trabalhar e que estavam desempregadas, podendo chegar a 80% as taxas de desemprego. No Brasil, o Censo de 2010 realizado pelo Instituto Brasileiro

---

[46] CÉZAR, 2010.

[47] Barreiras atitudinais "são anteparos nas relações entre duas pessoas, onde uma tem uma predisposição desfavorável em relação à outra, por ser esta significativamente diferente, em especial quanto às condições preconizadas como ideais". Tais atitudes têm fundamento no preconceito e no estereótipo que produzem a discriminação (AMARAL, L. A. Sobre crocodilos e avestruzes: falando de diferenças físicas, preconceitos e sua superação. *In*: AQUINO, J. G. (org.). **Diferenças e preconceito na escola**: alternativas teóricas e práticas. São Paulo: Summus, 1998. p. 11-30. p. 17).

[48] TANAKA; MANZINI, 2005.

[49] REDIG, 2014, p. 30.

[50] MASCARO, C. A. A. C. **Inclusão e profissionalização do aluno com deficiência intelectual**. Curitiba: Appris, 2016.

[51] REDIG, 2014.

[52] ORGANIZAÇÃO INTERNACIONAL DO TRABALHO (OIT). Secretaria Internacional do Trabalho. **Gestão de questões relativas à deficiência no local de trabalho**: repertório de recomendações práticas da OIT. Tradução de Edilson Alkmin Cunha. Revisão técnica de João Baptista Cintra Ribas. Brasília: OIT, 2006. Disponível em: https://www.ilo.org/wcmsp5/groups/public/---americas/---ro-lima/---ilo-brasilia/documents/publication/wcms_226252.pdf. Acesso em: 23 jun. 2018.

de Geografia e Estatística (IBGE)[53] revelou que quase 24% da população tinha algum tipo de deficiência, ou seja, em números absolutos, mais de 45 milhões de pessoas, e, destas, 27 milhões em idade de trabalhar. O Censo de 2010 indicou ainda que, dentro dessa população de pessoas com deficiência em idade de trabalhar, 20% eram pessoas com deficiência intelectual.

Em 2018, um levantamento da Relação Anual de Informações Sociais[54] divulgado pelo Ministério da Economia (ME) informou que, apesar de ter havido um aumento de 10,3% de empregos formais em relação ao ano de 2017, o mercado de trabalho ainda era muito resistente à contratação de pessoas com deficiência intelectual, sendo apenas 8,9% do total de 486.756 empregados. Por isso, atualmente é dada maior atenção pelos órgãos governamentais à orientação e ao planejamento de ações voltadas para a inclusão em ambiente de trabalho de pessoas em situação de deficiência mais significativa, uma vez que são ainda pouco contratadas.

O Cadastro Geral de Empregados e Desempregados (CAGED) de 2016, divulgado em 2018, registrou que a maioria dos empregados com algum tipo de deficiência está alocada na função de auxiliar, assistente administrativo, alimentador de linha de produção, faxineiro, repositor de mercadorias, embalador, almoxarife, vendedor de comércio varejista, cobrador de transporte coletivo, serviços de limpeza e conservação de áreas públicas, operador de caixa, recepcionista e armazenista.

O CAGED vem apontando, desde 2014, um aumento expressivo de desemprego geral no país, chegando a atingir quase 15 milhões de brasileiros em 2017. Grandes empresas fecharam as portas, muitas multinacionais deixaram o país e os trabalhadores que ainda estão no mercado de trabalho formal exercem várias funções dentro do seu setor de trabalho para suprir a falta de empregados.

Num contexto nacional em que falta trabalho, a inclusão das pessoas em situação de deficiência mais significativa torna-se muito mais comprometida. Em 2020, o quadro agravou-se com a pandemia da doença no novo coronavírus (COVID-19)[55]. A taxa de desemprego, de acordo com o IBGE[56], alcançou 14,1% no trimestre entre setembro e novembro de 2020. É o mais alto percentual para esse trimestre móvel desde o início da série histórica

---

[53] INSTITUTO BRASILEIRO DE GEOGRAFIA E ESTATÍSTICA (IBGE). **Censo demográfico 2010**. Rio de Janeiro: IBGE, 2011. Disponível em: https://biblioteca.ibge.gov.br/. Acesso em: 22 fev. 2021.

[54] BRASIL. Ministério do Trabalho e Emprego. **Relação Anual de Informações Sociais (RAIS)**. [Brasília]: MTE, [2020]. Disponível em: http://www.rais.gov.br/sitio/index.jsf. Acesso em: 22 fev. 2020.

[55] A COVID-19 é uma infecção respiratória aguda causada pelo coronavírus SARS-CoV-2, potencialmente grave, de elevada transmissibilidade e de distribuição global. Para mais informações, ver o site do Ministério da Saúde, disponível em: https://www.gov.br/saude/pt-br/coronavirus/o-que-e-o-coronavirus. Acesso em: 24 jan. 2021.

[56] IBGE, 2011.

da pesquisa, em 2012. A taxa de desemprego subiu mundialmente, prejudicando, ainda mais, a entrada e a permanência dos usuários em ambiente de trabalho. De acordo com o Institute for Corporate Productivity[57], 27% das empresas americanas abandonaram inteiramente os esforços em favor da diversidade e inclusão em suas cadeias de produção em razão da crise sanitária provocada pela COVID-19.

A inclusão social e a inclusão no ambiente de trabalho estão, pois, diretamente relacionadas. Uma sociedade inclusiva oferece condições de trabalho para todos os seus cidadãos, reconhecendo a singularidade na diversidade e as necessidades próprias de cada um. É nessa singularidade e individualidade que as práticas educativas da metodologia do EA se baseiam e se constituem. As práticas educativas, para Libâneo[58], vão além da escola e da família e acontecem em todos os contextos e âmbitos da existência individual e social humana.

A prática educativa do EA encontra respaldo na Lei de Diretrizes e Bases, Lei n.º 9.394[59], em seu Art. 1.º, que preconiza que a educação abrange

> [...] processos formativos que se desenvolvem na vida familiar, na convivência humana, no trabalho, nas instituições de ensino e pesquisa, nos movimentos sociais e organizações da sociedade civil e nas manifestações culturais.

Na metodologia do EA, há uma relação educativa que está intrinsecamente ligada às relações sociais dos sujeitos, implicando uma mediação do usuário, da família, da empresa e de si mesmo. Para Ross[60], "toda relação social é uma relação educativa. Isso significa que a mediação do outro amplia minhas capacidades e transforma qualitativamente minhas necessidades".

Mediar significa oferecer níveis de apoios planejados que se ajustem às necessidades do mediado, respeitando sua autonomia e fornecendo

---

[57] MORRISON, C. **Don't let the shift to remote work sabotage your inclusion initiatives**. [S.l.]: i4cp, Mar. 31, 2020. Disponível em: https://www.i4cp.com/coronavirus/dont-let-the-shift-to-remote-work-sabotage-your-inclusion-initiatives. Acesso em: 11 ago. 2023.

[58] LIBÂNEO, J. C.; OLIVEIRA, J. F.; TOSCHI, M. S. **Educação escolar**: políticas estrutura e organização. 2. ed. São Paulo: Cortez, 2005. (Coleção Docência em Formação).

[59] BRASIL. **Lei nº 9.394, de 20 de dezembro de 1996**. Estabelece as diretrizes e bases da educação nacional. Brasília: Presidência da República, 1996. Disponível em: http://www.planalto.gov.br/ccivil_03/leis/l9394.htm. Acesso em: 11 jan. 2017.

[60] ROSS, P. R. Educação e trabalho: a conquista da diversidade ante as políticas neoliberais. *In*: BIANCHETTI, L.; FREIRE, I. M. (org.). **Um olhar sobre a diferença**: interação, trabalho e cidadania. 2. ed. Campinas: Papirus, 1998. p. 53-110. p. 78.

meios para que esse apoio seja o menor possível com o passar do tempo, devido à internalização da aprendizagem. Segundo Paixão[61], "o conceito de mediação abre caminho para o desenvolvimento de uma abordagem não determinista do desenvolvimento". Para a autora, o mediador é o meio para que o mediado "aja sobre os fatores sociais, culturais, psicológicos e biológicos"[62]. A autora ressalta que o processo de mediação é um conceito central na teoria de Lev. S. Vygotsky, uma vez que favorece a apropriação da cultura, em que o desenvolvimento cultural não se efetiva numa relação direta entre homem e a realidade, mas sim em uma relação mediada pelo outro, que leva em consideração o humano e o ambiente.

Para Vygotsky[63], os instrumentos e os signos são elementos mediadores que constituem representações mentais que substituem objetos do mundo real. O desenvolvimento dessas representações, que acontecem majoritariamente por meio das interações, leva à aprendizagem.

O consultor de EA, que inicialmente era chamado de preparador laboral, o único responsável pelo treinamento do usuário e que se afastava gradualmente após a empresa assumir o controle do processo, atualmente exerce o papel de mediador e é responsável pela prática educativa aplicada ao usuário, utilizando todos os apoios necessários para capacitação e inclusão.

Minha experiência profissional mostrou que, além de mediar o outro, o consultor precisa, necessariamente, automediar-se para poder se colocar no lugar do usuário, não fazer juízo de valor, mantendo-se o mais imparcial possível na situação. Precisa também entender os processos de mediação para não correr riscos de apresentar um mundo com seus olhos, tendo clareza de que é ele quem está mediando o processo. É ele quem organiza e planeja suas práticas educativas valendo-se de um olhar individualizado do usuário, possibilitando que este avance em relação às suas hipóteses de mundo, pois seu desenvolvimento é relacionado à interação que ele tem com o mundo. A vivência faz crescer, as experiências próprias fazem incorporar o interno, o externo e suas conexões. Não existe indivíduo sem mundo, e, se o mundo muda, o indivíduo muda também.

---

[61] PAIXÃO, K. M. G. **Mediação pedagógica e deficiência intelectual**: em cena a linguagem escrita. 2018. Tese (Doutorado em Educação) – Universidade Estadual Paulista "Júlio de Mesquita Filho", 2018. p. 43. Disponível em: https://repositorio.unesp.br/bitstream/handle/114 49/153388/paixao_kmg_dr_mar.pdf?sequence=3. Acesso em: 23 jun. 2018.

[62] *Ibidem*, p. 43.

[63] VYGOTSKY, L. S. **A construção do pensamento e da linguagem**. São Paulo: Martins Fontes, 2000; **A formação social da mente**: o desenvolvimento dos processos psicológicos superiores. 7. ed. São Paulo: Martins Fontes, 2007; **Pensamento e linguagem**. 4. ed. São Paulo: Martins Fontes, 2008.

O trabalho é uma forma de interação com o mundo e a pessoa, pois, no mundo em que trabalha, comunica-se, produz, tem consciência das suas ações e do seu empoderamento. Quando se tem um usuário sem apoio, sem mediação do EA incluído no ambiente de trabalho, seu desenvolvimento é bastante prejudicado. A proposta do EA é respeitar a singularidade e o desenvolvimento do usuário, entendendo que o consultor de EA pode ser um vetor para os avanços do usuário e, por isso, o consultor deve ter o usuário como pessoa central da metodologia do EA[64].

O usuário do EA, amparado pelos princípios legais e fundamentais da igualdade de oportunidade, caminha em seu processo de luta pelo direito de trabalhar, de ter autonomia, protagonismo, qualidade de vida e plena participação nos processos sociais e econômicos da sociedade. No entanto, o ingresso da pessoa em situação de deficiência mais significativa no mundo do trabalho não é simples.

Tendo sido colocadas até aqui algumas das tensões que cercam a inclusão dessas pessoas e trazendo a metodologia do EA como um possível enfrentamento para tal desafio, o que esta pesquisa quer ressaltar são as relações entre representações sociais e práticas educativas de consultores a respeito do EA. O que pensam sobre EA e associam às suas práticas está relacionado aos princípios fundamentais do EA?

Por ser uma metodologia em construção, o EA e sua prática educativa precisam ser estudados, pois há poucas pesquisas que os têm como foco. Em levantamento feito no repositório de teses e dissertações da Universidade Federal São Carlos (UFSCar), instituição referência em Educação Especial e localizada na cidade de São Carlos, interior de São Paulo, estado que mais gerou empregos em julho de 2018 no país, segundo dados do CAGED, foram identificadas 484 teses e dissertações desenvolvidas entre 2003 e maio de 2018 no Programa de Pós-Graduação em Educação Especial, quando a busca foi realizada. Dessas, apenas dez abordavam o tema Inclusão Laboral e três abordavam a inclusão da pessoa com deficiência intelectual no ambiente de trabalho.

Um outro levantamento foi feito no site oficial da Universidade do Estado do Rio de Janeiro (UERJ), escolhida por ter mestrado e doutorado na área de Educação Especial. Entre as 150 teses produzidas entre janeiro de 2008 e fevereiro de 2018, apenas 2 foram encontradas. Uma aborda a inclusão laboral com foco em atividades laborais de pessoa com deficiência

---

[64] BETTI, 2014.

intelectual, utilizando a metodologia do trabalho customizado[65]. E outra se refere às tecnologias assistivas para a inclusão laboral.

Conforme os levantamentos realizados, estudos sobre inclusão laboral de pessoa com deficiência intelectual são escassos. As quatro pesquisas identificadas discutem a inclusão no ambiente de trabalho na ótica da Lei n.º 8.213[66], conhecida como Lei de Cotas para Pessoas com Deficiência, as práticas de recrutamento e seleção com foco nos Recursos Humanos, a Transição para a Vida Adulta e as políticas públicas relacionadas à escolaridade e à formação profissional do aluno com deficiência intelectual. Embora tragam grande contribuição ao tema Inclusão no Ambiente de Trabalho, nenhum desses estudos tratavam de representações sociais de EA, da forma como consultores de EA percebem e integram elementos do EA e as relações com suas práticas educativas.

A utilização da Teoria das Representações Sociais (TRS), desenvolvida por Serge Moscovici em pesquisa realizada nos anos 1950[67], para orientar a pesquisa aqui apresentada justifica-se porque visa investigar, segundo Alves-Mazzotti[68], "como se formam e funcionam os sistemas de referência que os indivíduos utilizam para caracterizar indivíduos ou grupos e os acontecimentos da realidade cotidiana".

Em seu trabalho seminal, Moscovici[69] afirma que as representações sociais são um conjunto de conceitos e explicações originados da vida diária, do senso comum, no decurso da comunicação e da cooperação entre indivíduos ou grupos. Não são apenas produtos mentais, mas construções simbólicas que se criam e se recriam durante as interações sociais. As representações sociais, portanto, referem-se aos significados que os sujeitos de um determinado grupo atribuem a um dado objeto com base nas diversas informações que obtêm por meio das relações que estabelecem entre si e de suas práticas.

---

[65] O emprego customizado é o resultado da reestruturação ou criação de atividades, combinado com as habilidades e adequações necessárias para o trabalhador, além do auxílio do *job coach* (instrutor) de forma específica na realização da tarefa (LUECKING, 2011 apud REDIG, 2014, p. 4).

[66] BRASIL. **Lei nº 8.213, de 24 de julho de 1991**. Dispõe sobre os Planos de Benefícios da Previdência Social e dá outras providências. Brasília: Presidência da República, 1991b. Disponível em: http://www. planalto.gov. br/ccivil_03/leis/L8213cons.htm. Acesso em: 13 jan. 2017.

[67] MOSCOVICI, S. **La psychanalyse, son image et son public**. Paris: Presses Universitaires de France, 1961. Disponível em: http://pepsic.bvsalud.org/scielo.php?script=sci_nlinks&ref=3070087&pid=S1413-389X. Acesso em: 15 jan. 2020;MOSCOVICI, S. **A psicanálise, sua imagem, seu público**. Petrópolis: Vozes, 2012.

[68] ALVES-MAZZOTTI, A. J. Representações sociais: aspectos teóricos e aplicações à educação. **Revista Múltiplas Leituras**, [S.l.], v. 1, n. 1, p. 18-43, jan./jun. 2008. Disponível em: https://www.metodista.br/revistas/ revistasims/index.php/ML/article/view%20File/1169/1181. Acesso em: 6 jan. 2018.

[69] MOSCOVICI, 1961.

No entanto, nem tudo se constitui em objeto de estudo de representações sociais. De acordo com Sá[70], a escolha do objeto deve primeiramente atender a algumas suposições, idas e vindas, e deve começar pela definição do fenômeno do universo.

Nas palavras de Jodelet[71], a representação é uma "forma de conhecimento prático, que liga um sujeito a um objeto", e

> [...] quantificar esse conhecimento como prático, refere-se à experiência a partir da qual ele é produzido, aos referenciais e condições em que ele é produzido e, sobretudo, ao fato de que a representação é empregada para agir no mundo e nos outros.

A autora ainda define que as representações são sempre de alguém sobre algo e que, como construções simbólicas, carregam sempre características de quem as faz.

No uso da metodologia do EA, um grupo essencial dentro desse fazer ao qual se refere Jodelet[72] é o de consultores, que são responsáveis por uma prática educativa que tem como característica uma lógica inversa da usual, rompendo com o modelo biomédico e aderindo ao modelo biopsicossocial, cujo objetivo é qualificar para depois colocar no ambiente de trabalho.

Diante do exposto, a tese a ser confirmada ou infirmada é de que a mudança de enfoque de um modelo biomédico para um modelo biopsicossocial pode ter provocado mudanças também no pensamento de pessoas envolvidas com EA, suscitando produção de significados que provavelmente incorporam significações novas às antigas. Esse processo pode resultar em um amálgama nas representações e nas práticas dos sujeitos, particularmente de consultores, que são o cerne deste estudo.

O resultado da inclusão em ambiente de trabalho possivelmente está diretamente ligado ao conhecimento, às crenças, aos valores e às expectativas que o consultor tem do EA. As representações sociais que os consultores elaboram de EA orientam, portanto, suas condutas, sua comunicação, suas formas de relacionar, julgar, mediar, tomar posições e dar os apoios necessários.

Nessa perspectiva, a pesquisa justifica-se, como já dito, pois as representações sociais elaboradas sobre EA e as práticas educativas traçadas pelo consultor de EA podem indicar o apoio necessário para a inclusão

---

[70] SÁ, C. P. **A construção do objeto de pesquisa em representações sociais**. Rio de Janeiro: EdUERJ, 1998.

[71] JODELET, D. (org.). **Representações sociais**. Rio de Janeiro: EdUERJ, 2001. p. 27.

[72] *Ibidem.*

em ambiente de trabalho. Para Moscovici[73], "se levarmos em consideração as análises antropológicas, as práticas educativas modelam a estrutura da personalidade dos membros de uma cultura".

Sendo assim, a forma de pensar, agir, conduzir e resolver problemas desse grupo formado por consultores é de extrema importância para o EA. Investigar representações sociais de EA por consultores contribuirá para compreender como a metodologia do EA está favorecendo a inclusão das pessoas com deficiência intelectual no ambiente de trabalho e como essas representações influenciam, orientam e organizam as práticas educativas dos sujeitos da pesquisa.

Diante do que foi exposto, o objetivo geral desta pesquisa é investigar representações sociais de EA por consultores de EA que trabalham incluindo pessoas em situação de deficiência significativa, especificamente pessoas com deficiência intelectual, em ambiente de trabalho, e as relações com suas práticas educativas. Derivando do objetivo geral, objetiva-se especificamente: analisar documentos legais relativos ao EA no Brasil; identificar que informações os consultores de EA têm a respeito das práticas educativas de usuários da metodologia do EA em ambiente de trabalho; verificar, nas representações e nas práticas educativas de consultores, relações entre os modelos biomédico e biopsicossocial de EA; analisar um inventário de práticas proposto aos sujeitos da pesquisa.

Para alcançar tais objetivos, o trabalho será organizado em sete capítulos, além desta "Introdução", para uma melhor compreensão sobre o tema. No segundo capítulo, por meio de três subcapítulos, são apresentados um breve histórico das pessoas em situação de deficiência significativa no ambiente de trabalho, a conceituação e a contextualização do EA, assim como o papel do consultor e as três fases do EA. O terceiro capítulo focaliza a relação inclusão-exclusão na abordagem do EA; e o quarto, o referencial teórico-metodológico das representações sociais, abordando aspectos gerais das RS, a relação entre RS e práticas educativas e a inclusão-exclusão em estudos de RS. O quinto capítulo refere-se aos procedimentos metodológicos. O sexto capítulo revela as análises dos dados. O sétimo capítulo relata caso concretos do uso da metodologia no Instituto Priorit. E, por fim, tem-se as considerações finais.

---

[73] MOSCOVICI, 2012, p. 20.

EMPREGO APOIADO: CONCEITO E CONTEXTO

Para a compreensão do conceito e contexto do emprego apoiado, que, apesar de ser uma metodologia já bastante consolidada em vários países, ainda hoje busca se firmar no Brasil como uma resposta viável à inclusão em ambiente de trabalho de pessoas em situação de deficiência significativa, resgataremos, ainda que resumidamente, o percurso histórico de sua criação.

UM BREVE OLHAR DO PERCURSO HISTÓRICO DAS PESSOAS EM SITUAÇÃO DE DEFICIÊNCIA SIGNIFICATIVA EM AMBIENTE DE TRABALHO

Quando falamos de pessoas, estamos intrinsecamente falando de sentimentos, valores, preferências e direitos, e um desses direitos é o direito ao trabalho. Trabalhar e considerar as implicações desse ato desenvolve nas pessoas amadurecimento, visão de mundo e noção de pertencimento. Segundo Castel[74], "o trabalho continua sendo uma referência não só economicamente, mas também psicologicamente, culturalmente e simbolicamente dominante, como prova a reação dos que não têm".

Em minhas observações como profissional da área, pude perceber que, não raro, quando se pergunta ao usuário do EA o que é mais importante no trabalho, a resposta é "fazer parte de um grupo que trabalha". O trabalho faz parte da vida do indivíduo, principalmente para os usuários da EA, pois viabiliza sua realização pessoal e inclusão social. Contudo, nem sempre o direito ao trabalho esteve integrado à vida de pessoas em situação de deficiência significativa. Como registrado na literatura, houve épocas em que trabalhar era completamente inviável para essas pessoas.

---

[74] CASTEL, R. **As metamorfoses da questão social**: uma crônica do salário. 12. ed. Petrópolis: Vozes, 2015. p. 578.

Para ilustrar esse argumento, focalizaremos a história da pessoa com deficiência que está bem retratada na literatura especializada[75]. Entretanto, não há razão para nos estendermos aqui, mas apenas chamar atenção para alguns aspectos que dizem respeito à inclusão no mercado de trabalho de pessoas em situação de deficiência mais significativa.

O povo hebreu, por exemplo, proibia a presença de pessoas com deficiência no culto a Deus por serem tidas como impuras. Na Grécia e na Roma antiga, a criança que nascia com alguma deformidade era descartada. Na Antiguidade Clássica, era muito difícil para a pessoa com deficiência sobreviver após o nascimento e, quando isso acontecia, o mais provável era que essa pessoa atrelaria seu trabalho à escravidão. No cristianismo, a ideia vigente na época era a de acolhimento aos rejeitados, que se limitava apenas à ajuda de sobrevivência. Na Idade Média, a deficiência tinha o status de pobreza, mendicância e exclusão. A Idade Moderna trouxe a Revolução Industrial, e, diante da precariedade das formas e condições de trabalho, cresceu o número de acidentes, aumentando, consequentemente, a quantidade de pessoas com deficiência, surgindo a partir disso inúmeras invenções, como cadeira de rodas, bengalas, próteses, veículos adaptados e o sistema Braille para leitura de cegos. A Idade Contemporânea trouxe rápidas e profundas mudanças na forma de as pessoas se relacionarem, cresceu o capitalismo e aumentou a exploração do proletariado. Nesse período acontece também o aumento da indignação dos excluídos[76].

Neste estudo, vamos nos concentrar no período em que apareceram as oficinas protegidas até a atualidade, por entendermos que são os anos mais relevantes para a compreensão da importância da metodologia do EA para a inclusão em ambiente de trabalho. Contudo, não podemos deixar de ressaltar que a imagem coletiva que predominou em cada período histórico determinou o papel social reservado aos indivíduos com deficiência, e é em torno dessas representações que, em grande parte, decidiu-se seu destino laboral em cada época. Historicamente,

---

[75] GOFFMAN, E. **Manicômios, prisões e conventos**. São Paulo: Perspectiva, 1999; PLETSCH, M. D. **Repensando a inclusão escolar de pessoas com deficiência mental**: diretrizes políticas, currículo e práticas pedagógicas. 2009. Tese (Doutorado em Educação) – Universidade do Estado do Rio de Janeiro, Rio de Janeiro, 2009; MANTOAN, M. T. E. **Inclusão escolar**: o que é? Por quê? Como fazer? São Paulo: Summus, 2015. (Coleção Novas Arquiteturas Pedagógicas); MAZZOTTA, M. J. S. **Educação escolar**: comum ou especial. São Paulo: Pioneira, 1996; MENDES, E. G. Breve histórico da educação especial no Brasil. **Revista Educación y Pedagogía**, [S.l.], v. 22, n. 57, 2011. Disponível em: file:///C:/Users/anapa/Downloads/9842-Texto%20del%20art_culo-28490-3-10-20210505.pdf. Acesso em: 22 abr. 2020; SKLIAR, C. **Educação e exclusão**: abordagem sócio-antropológica em educação especial. [S.l.: s.n.], 1997; e outros.

[76] LEPRI, 2012.

o trabalho, para essas pessoas, sempre esteve atrelado à construção social, ancorada em valores da época. De acordo com Lepri[77],

> [...] para as pessoas com deficiência, 'o ser-em situação' assume ainda mais significado do ser socialmente e historicamente colocado e determinado, visto que em cada época a situação contém a ideia, a imagem de deficiência à qual deve se adequar.

As duas Grandes Guerras foram importantes para o trabalho das pessoas com deficiência. Com um enorme aumento do número de pessoas com deficiências físicas e mentais (termo usado na época), o tema Trabalho não pôde mais ser evitado, e o Estado passou a ter que enfrentar o assunto e desenvolver programas para essas pessoas. Cresceu o número de centros de assistência e treinamento, assim como também as normativas internacionais que, a partir da Carta da Organização das Nações Unidas de 1945[78], passaram a se preocupar com o trabalhador com deficiência, mudando, ainda que de uma forma muito gradual, o modo de pensar e agir em relação a esse público. Essas pessoas viviam com suas respectivas famílias ou em enormes instituições segregadas; não eram vistas pela sociedade como membros que poderiam contribuir para ela, mas sim que precisavam de cuidado e proteção. As vagas de trabalho ofertadas eram em instituições filantrópicas, como as OP, ou os trabalhos feitos em casa[79].

Nos anos de 1950, enquanto na Europa e nos EUA o movimento das OP começava a ganhar força e amadurecimento, no Brasil estas eram ainda muito desorganizadas estruturalmente, somente se fortalecendo a partir dos anos de 1970 e início dos anos 1980. Em 1950, a Associação Nacional de Oficina Abrigada de Trabalho dos EUA definiu as OP como organizações sem fins lucrativos que visavam desenvolver um programa de reabilitação, educacional e terapêutico destinado a pessoas com deficiência, em que o objetivo era proporcionar uma oportunidade de trabalho remunerado, transitório ou permanente. Em 1966, no simpósio de Frankfurt, as OP foram definidas como qualquer forma de emprego produtivo e remunerado realizado em condições especiais para atender as necessidades temporárias e permanentes de excepcionais[80].

---

[77] *Ibidem*, p. 33.

[78] ORGANIZAÇÃO DAS NAÇÕES UNIDAS (ONU). **Carta das Nações Unidas**. [São Francisco, EUA]: ONU, 1945. Disponível em: https://brasil.un.org/sites/default/files/2022-05/Carta-ONU.pdf. Acesso em: 11 ago. 2023.

[79] LEPRI, 2012.

[80] VERONEZZI, R. F. **Novos rumos da deficiência mental**. São Paulo: Sarvier, 1980. Cap. 19, Parte 2.

As OP tinham entre seus valores oferecer segurança, na medida em que asseguravam um programa de serviços como uma alternativa a ficar em casa; consistência, porque os programas eram construídos sob uma rotina; e cuidado, porquanto ofereciam um ambiente seguro e bem supervisionado[81].

É importante ressaltar a importância dessas oficinas para a época, tendo em mente que não existe presente sem passado e que seria injusto uma visão negativa das OP, pois sem elas muito provavelmente não se teria chegado ao EA, que surgiu, essencialmente, como contraponto às OP.

Contudo, existiam pontos de tensão nas OP que não se podem deixar de mencionar. Um deles é a transitoriedade, pois, apesar de ter como objetivo prover trabalho para "pessoas institucionalizadas", como eram então nomeadas, na época não havia preocupação com a transição para o emprego competitivo, transformando-se, não raros casos, em uma oficina ocupacional, muitas vezes intercalando o trabalho com atividades terapêuticas, como música, artes e atividade física.

Outro ponto nevrálgico é a visão médica, por ter o condão de ditar quem teria ou não capacidade de ir para o ambiente de trabalho, quem seria ou não produtivo, quem poderia ou não exercer determinada função, fazendo crescer, no imaginário social, a noção de incapacidade, aumentando o preconceito, incitando julgamentos, infantilizando adultos e corroborando a exclusão[82].

Segundo Betti[83], a visão médica dita quem está preparado ou não, e está baseada num paradigma de integração e não de inclusão, classificando e agrupando as pessoas de acordo com a severidade e o cumprimento de determinados requisitos. Para o autor,

> [...] por essa lógica, milhares de pessoas em situação de incapacidade significativa são excluídas não porque não queiram ou isso não esteja em seus planos, mas devido a um sistema que ainda acredita que tem o poder de determinar a vida dessas pessoas.

No Brasil, no fim dos anos de 1970 e início dos anos 1980, muito inspiradas nos modelos europeu e americano, que pouco tinham em comum com nossa realidade, as associações brasileiras vinculadas ao público das OP tinham a esperança de criar mecanismos eficazes para operacionalizá-las.

---

[81] *Ibidem.*

[82] VERONEZZI, R. F. **O deficiente na força do trabalho.** Rio de Janeiro: [*s.n.*], 1981.

[83] BETTI, 2011, p. 32.

Veronezzi[84] enfatiza esse otimismo, ao afirmar que "em condições favoráveis a oficina protegida poderá evoluir e constituir-se numa verdadeira indústria, produtiva e competitiva, engajando-se no mercado aberto, lutando e enfrentando toda sorte de obstáculos".

Esse posicionamento difere, por exemplo, daquele do Reino Unido, que tinha políticas estruturadas para as OP, tais como financiamento, proteção legal, vínculo previdenciário, seguro para acidentes e salários que correspondiam à categoria profissional de oficina[85]. O Brasil, como expõe Veronezzi[86], lutava com as armas que tinha para organizar OP, ou seja, quase nada, devido a inúmeros problemas, como aspectos trabalhistas, previdenciários, fiscais; falta de uma legislação regulamentadora para as OP; falta de interesse tanto da parte do Poder Executivo como Legislativo; problemas arquitetônicos; barreiras atitudinais; falta de capital; falta de pessoal técnico para trabalhar na OP; paternalismo; e sentimentos de pena. Segundo o autor,

> [...] a realidade é que as oficinas protegidas nascem e sobrevivem à sombra de programas escolares ou de clínicas, mascaradas como setores de terapia ocupacional de treinamento ou mesmo unidade terapêutica.[87]

Além de todas as dificuldades listadas, pouco se via em relação à avaliação do trabalho realizado e, principalmente, aos ajustes necessários após essa avaliação.

Enquanto no Brasil dos anos de 1970 as oficinas começam a se fortalecer, nos EUA é iniciado um movimento diferente, pois perceberam a necessidade de uma metodologia que não compartilhasse com a segregação das OP, ou com a integração de um trabalho sem nenhuma adaptação no ambiente de trabalho, ou sem o apoio necessário para a realização desse trabalho, ou com uma colocação laboral em que as pessoas em situação de deficiência significativa trabalhariam em setores predeterminados e excludentes, preferencialmente longe dos olhos do público. Nessa época, havia a urgência de uma metodologia que olhasse para a pessoa como sendo prioritariamente uma pessoa, sem o condão de estipular se ela poderia ou não trabalhar, dando protagonismo aos desejos dessa pessoa, e que tivesse como base a exclusão zero no trabalho.

---

[84] VERONEZZI, 1981, p. 270.

[85] *Ibidem.*

[86] *Ibidem.*

[87] VERONEZZI, 1980, p. 271.

Apesar de a demanda de uma nova metodologia parecer natural, os acontecimentos dão-se em um processo histórico que inclui desgaste e construção. Dentro desse processo, diversos eventos contribuíram para o surgimento do EA.

Em 1972, Wolfensburg cria o princípio de normalização, em que as pessoas com deficiência deixam de estar em programas segregados para estar em programas baseados na comunidade. O princípio de normalização foi totalmente absorvido pelas leis federais americanas, e os serviços comunitários para pessoas com deficiência tornaram-se cada vez mais disponíveis. Ainda nesse ano, Marc Gold e associados criam o programa "Tente de um novo jeito" e desenvolvem uma nova tecnologia de treinamento vocacional, que demonstra que pessoas com uma limitação cognitiva significativa podem aprender tarefas vocacionais complexas[88].

Em 1973, o governo americano cria em todo seu território os Centros de Vida Independente e reconhece a vida independente como um conceito viável para as pessoas em situação de deficiência significativa. Em 1975, foi criada a *Public Law* 94-142, *The Education for All Handicapped Children Act*[89], Lei Pública 94-142, que dispôs educação para todas as crianças em desvantagem e demandou educação pública e gratuita em ambientes os menos restritivos possíveis[90].

Diante das mudanças ocorridas nessa época, cidadãos, famílias e instituições passaram a examinar seus valores e métodos de reabilitação, sendo esperado, portanto, que inúmeras críticas fossem feitas às OP. No fim dos anos de 1970, universidades americanas começaram a buscar alternativas para as oficinas, realizando diversas experiências metodológicas como contraponto a elas, e a que mais se destacou foi a do EA. Com a publicação de projetos-pilotos de EA bem-sucedidos, um novo modelo de reabilitação vocacional passou a ser visto como uma alternativa para que as pessoas em situação de deficiência significativa conseguissem se tornar membros efetivos da comunidade. Em 1986, o EA teve nos EUA sua primeira lei federal. Na época, existiam mais de 5 mil OP, que foram transferidas para o programa de EA[91].

---

[88] WEHMAN, 2012.

[89] Disponível em: https://www.govinfo.gov/content/pkg/STATUTE-89/pdf/STATUTE-89-Pg773.pdf. Acesso em: 13 set. 2020.

[90] WEHMAN, P. **Supported employment in business**: expanding the capacity of workers with disabilities. St. Augustine: Training Resource Network, 2001.

[91] *Ibidem.*

Entre 1980 e 1990, há um crescimento de 10 mil para 100 mil pessoas atendidas pelo EA, e todos os 50 estados americanos oferecem o programa de EA. É nessa década que também cresce o uso do *job coach*[92]. Na década seguinte, o empoderamento do usuário do EA como consumidor de bens emerge como uma questão importante na sociedade, o EA continua a crescer internacionalmente, e a European Union of Supported Employment (EUSE)[93] e a World Association for Supported Employment (WASE)[94] emergem como as maiores forças, sendo dada maior ênfase aos apoios naturais e à comunidade empresarial.

A história no Brasil[95] começa no fim dos anos 1980, dois anos após o Congresso Americano aprovar o EA. Romeu Sassaki, motivado pelo padre Luiz Carlos Dutra, especialista em reabilitação profissional e titular da Diretoria da Pessoa com Deficiência da Diocese de Lafayette, em Louisiana, EUA, começou a estudar e a traduzir o material americano, plantando a primeira semente sobre o tema no país. Porém é somente na década seguinte que o EA passa a ter maior divulgação.

Em 1992, Francisca Rodrigues, jornalista da *Folha de S.Paulo*, publicou notícia sobre o EA enfatizando o trabalho realizado pela Rede de Informações Integradas sobre Deficiência, da Universidade de São Paulo (USP), que havia sido organizada em 1990, e Dorival Carreira publica o artigo intitulado "A integração da pessoa com deficiência no mercado de trabalho". Em 1993, é formado um grupo informal de estudo independente com 12 participantes, denominado Grupo de EA (GEA).

Em 1994, foi posta em prática pela primeira vez uma colocação utilizando a metodologia do EA no mercado de trabalho competitivo. Essa colocação, na verdade, foi uma recontratação de um ex-funcionário, Marco Antônio Ferreira Pelegrini, que foi demitido por causa de um laudo de aposentadoria por invalidez de uma tetraplegia ocasionada por um assalto com disparos que atingiu a sua quarta vértebra. Essa contratação por EA foi de extremo sucesso e resultou em 13 anos de trabalho e diversas pro-

---

[92] *Job coach* (SHAFER *et al.*, 1987). No Brasil, recebeu várias traduções: treinador laboral, preparador laboral, especialista em emprego apoiado, consultor de apoios, e, mais atualmente, consultor de emprego apoiado.

[93] União Europeia de Emprego Apoiado. Disponível em: https://www.euse.org/. Acesso em: 15 set. 2020.

[94] Associação Mundial de Emprego Apoiado. Disponível em: https://www.wase.ca/. Acesso em: 15 set. 2020.

[95] A história do EA no Brasil descrita neste trabalho decorre de um compilado de diferentes fontes: site da ANEA (Disponível em: https://www.aneabrasil.org.br/Home. Acesso em: 15 set. 2020); curso de Introdução ao Emprego Apoiado; curso do consultor e membro do Conselho Consultivo da ANEA ministrado pelo Prof. Alexandre Betti; curso virtual da ANEA sobre Práticas e Vivências do Consultor de EA ministrado por Juliana Righini, membro do conselho fiscal da ANEA.

moções laborais para Marco Antônio. Ainda em 1994, o GEA promoveu cursos introdutórios e avançados de EA, em São Paulo e no Rio de Janeiro, ministrados por Sandra Purgahn, presidente da Goodwill Industries of Acadiana, de Louisiana. Nos anos de 1995 e 1996, profissionais brasileiros fizeram estágios em programas de EA na Europa e nos EUA. Em 1997, a Instituição Carpe Diem, em São Paulo, colocou em prática o programa de EA. No fim dessa década, já haviam surgido no Brasil alguns modelos de EA, como a Associação de Pais e Alunos Excepcionais (APAE), a Associação de Pais Banespianos de Excepcionais (APABEX) e a Associação Programa Especial para Adolescentes e Adultos (Associação P.E.P.A.).

Nos anos 2000, o EA teve grande avanço. Em 2005, o Instituto de Tecnologia Social (ITS) e o Ministério da Ciência e Tecnologia e Inovação (MCTI) reconheceram a metodologia do EA como uma importante tecnologia social. No ano de 2008, foi criada a Rede de EA (REA), considerada por Sassaki[96] de importância histórica por ter se tornado a Associação Nacional de EA. Em 2010, Alexandre Betti e Romeu Sassaki escrevem um documento técnico sobre a metodologia no Brasil e propõem um curso para técnico de EA. No ano seguinte, foi organizado em São Paulo pelo MCTI e pela Secretaria de Ciência e Tecnologia para Inclusão Social (SECIS) — em parceria com a Universidade de Salamanca, Espanha, o ITS e a Pontifícia Universidade Católica de São Paulo (PUC-SP) — o Curso Internacional de EA. Em 2013, foram ministrados seminários, cursos e elaborado um Projeto de Lei (PL) sobre Política Pública de EA, assim como foram intensificados os estudos para a criação de uma organização nacional de EA, que deu origem à ANEA em 2014. Também em 2014 foi realizado o primeiro curso de especialização em EA, organizado pela Universidade Federal de São Paulo (UNIFESP) com a coordenação de Alexandre Betti.

A ANEA realizou Encontros Nacionais de EA em 2016, 2017, 2018 e 2109, e no primeiro semestre de 2019 relançou o curso Introdução ao Emprego Apoiado, com o objetivo de formar novos consultores e fortalecer o EA no Brasil. Nesse ano, foi protocolado na Câmara dos Deputados um projeto de lei relacionado ao EA, o PL n.º 2.190/2019[97], na tentativa de avançar as discussões para a criação de uma lei específica sobre o EA.

---

[96] SASSAKI, 2017.

[97] BRASIL. Câmara dos Deputados. Projeto de Lei nº 2.190, de 2019 (Da Sra. Maria Rosas). Dispõe sobre o Emprego Apoiado. **Diário da Câmara dos Deputados**, Brasília, n. 637, p. 637-645, maio 2019b. Disponível em: http://imagem.camara.gov.br/Imagem/d/pdf/DCD0020190508000720000.PDF#page=637. Acesso em: 13 out. 2019. Ficha de tramitação disponível em: https://www.camara.leg.br/proposicoesWeb/fichadetramitacao?idProposicao=2197424. Acesso em: 1 jun. 2021.

Em 2020, o mundo foi pego de surpresa pela pandemia da COVID-19. O Encontro Nacional de EA foi realizado na modalidade on-line. A ANEA realizou diversos cursos introdutórios sobre EA e sobre consultores de EA, produziu *lives* sobre o tema, intensificou seu canal no YouTube, apoiou o lançamento do e-book *Trabalho na pandemia*, fez palestras e encontros virtuais, sempre com o objetivo de fortalecer o EA, alcançar divulgação nacional e aprovar o projeto lei que regulariza o EA.

Como anunciado, o EA vem a cada dia ganhando mais espaço e conquistando mais instituições interessadas em adotar sua metodologia. Para Sassaki[98],

> [...] quaisquer que sejam os números de consultores, de empregos apoiados e de instituições promotoras de EA existentes no Brasil, são animadoras as perspectivas de desenvolvimento da prática do EA no Brasil.

Embora seja otimista, Sassaki[99] entende que, para a consolidação e o sucesso do EA no Brasil, é importante uma política pública que o incentive no país. Em entrevista dada à Fundação FEAC, Sassaki[100] destacou que, em todos os países que têm EA, há uma previsão orçamentária nacional, acarretando um funcionamento melhor do EA.

Além do Projeto de Lei n.º 2.190/2019, encaminhado pela deputada Maria Rosas em 2019, há outros dois projetos de lei relativos ao EA, um para reconhecimento da profissão de consultor de EA e outro orçamentário. Oswaldo Barbosa Júnior[101], presidente da ANEA na gestão de 2018/2020, tem a mesma opinião de Sassaki[102], e ressalta a importância da articulação para se avançar e ter uma legislação específica sobre EA, com políticas públicas, orçamento e regularização da profissão de consultor de EA.

CONCEITUANDO E CONTEXTUALIZANDO O EA

Verdugo Alonso e Jenaro[103] enfatizaram que os usuários do EA são pessoas que, sem apoio, não conseguiriam ter e se manter no trabalho, assim como também têm grande dificuldade de transferir as habilidades

---

[98] SASSAKI, 2017, p. 4.

[99] SASSAKI, 2017.

[100] *Ibidem.*

[101] BARBOSA JÚNIOR, 2018.

[102] SASSAKI, 2017.

[103] VERDUGO; JENARO, 2005.

aprendidas num centro de formação para o trabalho. Por essa razão, necessitavam de treinamento e de aprendizagem no local de trabalho, dados por um instrutor. Já Coelho e Ornelas[104], em seus estudos sobre a contribuição do EA, consideraram que "a ideia central do emprego apoiado é a de apoiar as pessoas com problemáticas graves a escolher, obter e manter o emprego competitivo e integrado na comunidade". Betti[105] parece concordar com esses autores ao afirmar que o EA deve oferecer os apoios necessários para o sucesso da inclusão laboral. De acordo com ele, "o usuário do Emprego Apoiado deve ter a sua disposição, sempre que precisar, os apoios necessários para conseguir obter, manter e se desenvolver no trabalho"[106]. O mesmo pensamento foi registrado por Sala e Garcia, em seu estudo jurídico sobre positivação e exigibilidade do EA, que posteriormente ajudou a basear o PL 2.190/2019:

> Resumidamente, e de modo geral, pode-se dizer que o EA consiste em preparar pessoas interessadas num posto de trabalho mediante assistência pessoal de um consultor ou técnico de EA, ou preparador laboral. A metodologia do EA analisa o potencial e o perfil da pessoa desempregada, a fim de compará-los com as vagas e necessidades de trabalho de uma empresa, tendo por objetivo encontrar ou criar determinada vaga que beneficie os dois lados.[107]

A definição de EA adotada atualmente pela EUSE é prestar os apoios necessários às pessoas com deficiência significativa e a outros grupos desfavorecidos para garantir e manter um emprego remunerado, de sua própria escolha, em um ambiente integrado com apoio contínuo para se tornarem econômica e socialmente ativas em suas próprias comunidades.

Para a Asociación Española de Empleo con Apoyo[108], o EA é um conjunto de serviços e ações centrados na pessoa, fundamentalmente individualizados, para que as pessoas com deficiência e com dificuldades especiais possam entrar, manter-se e obter promoção no mercado competitivo, com o apoio de profissionais e outros tipos de apoios.

---

[104] COELHO, V. P.; ORNELAS, J. Os contributos do emprego apoiado para a integração das pessoas com doença mental. **Análise Psicológica**, [S.l.], v. 28, p. 465-478, 2010. Disponível em: http://publicacoes.ispa.pt/index.php/ap/article/. Acesso em: 7 maio 2018.

[105] BETTI, 2014.

[106] *Ibidem*, p. 60.

[107] SALA; GARCIA, 2014, p. 42.

[108] Associação Espanhola de Emprego Apoiado (ASOCIACIÓN ESPAÑOLA DE EMPLEO CON APOYO (AESE). Ciudad Real, [2020]. Disponível em: http://www.empleoconapoyo.org/aese/. Acesso em: 27 ago. 2020).

No Brasil, a Associação Nacional de Emprego Apoiado define o EA como

> [...] uma metodologia que visa a inclusão no mercado competitivo de trabalho de pessoas em situação de deficiência mais significativa; respeitando e reconhecendo suas escolhas, interesses, pontos fortes e necessidades de apoio para obter, manter e se desenvolver no trabalho.[109]

Indica como público-alvo do EA

> [...] pessoas em situação de incapacidade mais significativa que não estão sendo atendidas pelos sistemas tradicionais de colocação ou não conseguem se manter num emprego ou devido a necessidade de apoios mais intensos para trabalhar.

Diante do exposto a respeito do que seja o EA e para quem se aplica, podemos afirmar que a metodologia de EA traz em seu bojo inúmeras vantagens[110], tanto para quem é usuário quanto para a empresa que contrata, assim como para a sociedade em geral. Para a pessoa, porque ela pode realizar um trabalho remunerado, aumentar seu círculo de amizade e ser um consumidor consciente e ativo da sociedade. Para a empresa, porque — além de contratar um colaborador que agregará na dinâmica do trabalho —, ao optar pelo EA, também está contribuindo para o bem-estar de uma parte da sociedade. E, por último, a metodologia do EA é benéfica para a sociedade porque, além de permitir que as pessoas convivam e trabalhem com os demais cidadãos, ela contribui para diminuir o enorme gasto do governo com programas sociais[111].

Como podemos verificar, as cinco décadas de discussões sobre o conceito de EA trazem em seu bojo, desde o início, valores que permanecem até os dias atuais e que dão o norte necessário para a prática educativa do consultor. Dentre esses valores, podemos destacar como base do EA os nove pontos propostos por Wehman[112], apresentados na Figura 1, a seguir.

---

[109] ASSOCIAÇÃO NACIONAL DO EMPREGO APOIADO (ANEA). [S.l.], [2021]. Disponível em: https://aneabrasil.org.br/. Acesso em: 21 mar. 2021.

[110] Essa vantagem é indicada também para outros grupos que fora do Brasil se beneficiam da metodologia do EA. A *Quality and Training for Supported Employment in Europe* aponta que a definição de EA adotada pela Europa inclui pessoas com deficiência e outros grupos menos favorecidos, como: mulheres em situação de violência, grupos minoritários como a população LGBTQIA+, imigrantes, egressos do sistema prisional, pessoas que há muito tempo não trabalham, pessoas em situação de risco, pessoas libertadas do trabalho escravo.

[111] SASSAKI, 2017.

[112] WEHMAN, 2012.

Figura 1 – Quadro de valores do EA

Fonte: a autora

O primeiro é a "presunção de empregabilidade", a qual supõe que as pessoas em situação de deficiência mais significativa têm a capacidade e o direito ao trabalho. Nesse caso, o grande aliado da exclusão zero para o trabalho seria a prática educativa do consultor pautada no modelo social. No segundo ponto, "emprego competitivo", entende-se que, diferentemente das OP, o EA acontece no mercado de trabalho local, em empresas da comunidade, sendo o usuário incluído em ambiente de trabalho. O terceiro ponto é o "controle", quando os usuários escolhem e regulam seus apoios e serviços para o trabalho. A satisfação com a carreira vai além da vida laboral, influenciando a qualidade de vida adulta. "Salários e benefícios adequados" constituem o quarto ponto, com igualdade de salários entre colegas que realizam a mesma função[113].

O quinto ponto é o "foco na capacidade e habilidades" e relaciona-se ao da "presunção de empregabilidade". Considera que a prática educativa do consultor se apoia em habilidades, pontos fortes e interesses do usuário, com uma visão no modelo social. A "importância das relações" está no sexto ponto, indo além de benefícios econômicos no trabalho. Valoriza-se o pertencimento, as relações dentro e fora do trabalho, que proporcionam aceitação, respeito mútuo, autoconhecimento e valorização do usuário. No sétimo ponto está o "poder dos apoios", em que o usuário estabelece suas metas e seus apoios para realizar seus objetivos. Estes nunca devem estar abaixo de suas possibilidades, para que possam se superar e ter produtividade desejável. O oitavo ponto é a "mudança de sistema", visto que o tradicional

[113] *Ibidem.*

precisa se adaptar e flexibilizar para assegurar ao usuário o controle para a integridade do EA. Enfim, o nono ponto refere-se à "importância para a comunidade", considerando que EA gera mudanças e desenvolvimento na vida do usuário, mas também para a comunidade. A conexão entre as redes formais e informais de relações criadas no EA é importante para uma sociedade menos preconceituosa e mais humana[114].

Quanto aos princípios, são eles: *empowerment*[115], autonomia, independência, exclusão zero e planejamento centrado na pessoa[116], expostos na Figura 2.

Figura 2 – Princípios do EA

Fonte: a autora

O consultor de EA tem uma relação horizontal com o usuário e não vertical e hierárquica. Nessa perspectiva, o consultor e o usuário desenvolverão em parceria um planejamento centrado na pessoa, com respeito ao seu projeto de vida e com os apoios necessários para o sucesso da inclusão em ambiente de trabalho.

---

[114] WEHMAN, 2001. *Supported employment in business: expanding the capacity of workers with disabilities.* Tradução livre de Alexandre Betti.

[115] *Empowerment*, do verbo inglês *"empower"*, dar poder ou a autoridade para que alguém faça algo. No Brasil foi traduzido por empoderamento.

[116] DELGADO-GARCIA *et al.*, 2017; VERDUGO, 2012; WEHMAN, 2012.

PAPEL DO CONSULTOR E A PRÁTICA EDUCATIVA: AS TRÊS FASES DO EA

Na metodologia do EA, o consultor tem papel essencial. A aprendizagem gerada no EA está vinculada à intencionalidade e à proposta da prática educativa construída pelo consultor, que é quem faz a mediação entre o empregado que utiliza o EA, a família e o empregador.

Antigamente, no início da metodologia, dava-se maior importância ao treinador laboral, atual consultor, que era o único responsável pela inclusão e pelo treinamento do usuário, ficando um tempo no trabalho e diminuindo sua presença até não precisar ir mais. Atualmente sua presença continua importante, porém "se entende que quem deve ser responsável por treinar e incluir socialmente são os apoios naturais já existentes nas empresas"[117]. O autor chama atenção para o papel do consultor, explicando que

> [...] o trabalho do consultor, acompanhando a execução do que foi planejado e estando a postos para realizar as mediações necessárias, possibilita o fortalecimento de tudo o que foi planejado e o engajamento real dos atores envolvidos no processo.[118]

E Barboza[119], ao pesquisar sobre a identidade e o papel do profissional de EA, trata a profissão do consultor como emergente, porque situa-se no novo contrato psicológico das relações de trabalho, saindo do modelo vitalício de emprego para um modelo de autonomia e independência de trabalho.

A profissão do consultor de EA ainda não é regulamentada, mas tramita na Câmara dos Deputados do Brasil, por meio do Projeto de Lei n.º 2.190, apresentado pela deputada Maria Rosas em 2018 e encaminhado à publicação em maio de 2019. No Art. 8.º, é definido o perfil do consultor:

> Art. 8º As ações de Emprego Apoiado serão realizadas por consultores ou técnicos de Emprego Apoiado, assim considerados os profissionais especializados, com ensino superior completo e formação em curso de Emprego Apoiado de, no mínimo, 80 (oitenta) horas-aula.
> Parágrafo único. Poderão também exercer ações de Emprego Apoiado os profissionais que comprovem experiência mínima efetiva de trabalho de um ano na metodologia de que trata esta lei.[120]

---

[117] BETTI, 2011, p. 39.
[118] BETTI, 2014, p. 15.
[119] BARBOZA, 2019.
[120] BRASIL, 2019b, p. 641.

O consultor de EA precisa desenvolver múltiplos saberes e competências para atuar na metodologia do EA. Em pesquisa ao site da ANEA realizada em 2020, verificamos que então o consultor podia ter ensino médio ou superior e devia ter as seguintes características:

> [...] ser um bom mediador, saber trabalhar com a comunidade, dominar técnicas de treinamento significativas, além de ter conhecimentos sobre o mercado de trabalho e o funcionamento das empresas, já que elas também serão suas clientes.[121]

A metodologia do EA está fundamentada numa prática educativa própria que gera aprendizagem constante, pautada no desenvolvimento de habilidades e competências que acontecem na prática, em um meio não formal que enfatiza as qualidades e aptidões de cada sujeito, fundamentada nos apoios específicos necessários para cada trabalhador e que tem no modelo social o seu balizador[122].

Coker, Osgood e Clouse[123] explicaram que o EA se revelava eficaz por ter uma prática educativa que deixava de acontecer em estruturas intermediárias e simuladas e passava a acontecer no posto real de trabalho, e por isso mais condizente com o princípio da normalização[124] e desinstitucionalização[125]. Sassaki[126], assim como Cooker, Osgood e Clouse[127] e Verdugo

---

[121] ANEA, [2021].

[122] BETTI, 2014.

[123] COKER, C. C.; OSGOOD, K.; CLOUSE, K. R. **A comparison of job satisfaction and economic benefits of four different employment models**. Wisconsin: University of Wisconsin-Stout, 1995. Disponível em: https://link.springer.com/chapter/10.1007/0-306-47893-5_28. Acesso em: 22 fev. 2018.

[124] "Princípio da normalização, foi definido, nos finais da década de cinquenta do século XX, por Bank-Mikkelson, diretor dos Serviços para Deficientes Mentais da Dinamarca e, posteriormente, incluído na legislação daquele país, como a possibilidade de que o deficiente mental desenvolva um tipo de vida tão normal quanto possível. [...] O conceito de normalização estendeu-se a outros países da Europa e à América do Norte nos anos setenta do século XX, nomeadamente através de Wolfensberger (1972), no Canadá. Normalizar, na família, na educação, na formação profissional, no trabalho e na segurança social, consistia, assim, em reconhecer às pessoas com deficiência os mesmos direitos dos outros cidadãos do mesmo grupo etário, em aceitá-los de acordo com a sua especificidade própria, proporcionando-lhes serviços da comunidade que contribuíssem para desenvolver as suas possibilidades, de modo a que os seus comportamentos se aproximassem dos modelos considerados 'normais'" (SILVA, M. O. E. Da exclusão à inclusão: concepções e práticas. **Revista Lusófona de Educação**, [S.l.], n. 13, p. 135-153, 2009. p. 139. Disponível em: http://www.scielo.mec.pt/pdf/rle/n13/13a09.pdf. Acesso em: 13 out. 2019).

[125] "Essa palavra é de origem anglo-saxã e geralmente indica a superação daquelas 'instituições totais', que foram estigmatizadas com força nos anos 60. Em 1975, o *National Institute of Mental Health* aponta os parâmetros de reconhecimento do processo, e em 1979 na *Medline da National Library of Medicine* de Bethesda aparece uma entre as mais creditadas definições: cuidar de pessoas no território, em vez de em um ambiente institucional. No início, o foco fica centrado apenas na superação da instituição do manicômio, mas sucessivamente se estende para todas as práticas que acompanham e seguem este processo" (VENTURINI, E. A desinstitucionalização: limites e possibilidades. **Revista Brasileira Crescimento e Desenvolvimento Humano**, [S.l.], v. 10, n. 1, p. 138-151, 2010. p. 142. Disponível em: http://pepsic.bvsalud.org/pdf/rbcdh/v20n1/18.pdf. Acesso em: 13 out. 2019).

[126] SASSAKI, 2010.

[127] COKER; OSGOOD; CLOUSE, 1995.

Alonso e Jenaro[128], também trata a prática educativa do EA como inversa do processo tradicional de primeiro fazer o treinamento para depois colocar no ambiente de trabalho. Ele afirma que:

> O programa de Emprego Apoiado é instalado dentro da instituição (Batista e outros, 1997) e através dela a pessoa com deficiência é colocada na empresa primeiro e é treinada em seguida na própria função-processo esse conhecido como 'colocar-treinar', que é o inverso do tradicional de treinar primeiro e colocar depois [...] O emprego se chama apoiado ou com apoio porque o pretendente a esse emprego recebe apoio individualizado e contínuo pelo tempo que for necessário para que ele, devido à severidade da sua deficiência, possa obtê-lo, retê-lo e/ou obter outros empregos no futuro se for o caso.[129]

A prática educativa adotada no EA está ancorada num planejamento central focado na pessoa, garantindo que esta seja efetivada no próprio local de trabalho, e o que a diferencia é o nível de apoio que a pessoa necessitará. Sousa[130] já chamava atenção para essa prática educativa, pautada num plano individual, que abrange um tempo de aprendizagem em contexto real de trabalho e para o fato que tal prática acarreta inúmeras vantagens, como maior contato com o setor de produção, melhor internalização da aprendizagem por ser tratar de uma formação em local real e aumento da consciência em relação à inclusão, porque a sensibilização dos outros empregados acontece in loco e em tempo real.

Dessa maneira, podemos dizer que há uma lógica invertida na prática educativa do EA. Fazendo-se analogia entre o EA e a pedagogia defendida por Freire[131], em que a leitura de mundo precede a leitura da palavra — e, por isso, é pelas vivências que o sujeito amplia seu repertório de possibilidades —, podemos dizer que o EA, ao trabalhar diretamente na comunidade em um processo de qualificação em situação real, possibilita a inclusão em ambiente de trabalho. Para Freire[132], o ponto de partida de toda prática educativa é a situação concreta, a realidade, o meio social.

---

[128] VERDUGO ALONSO, M. Á.; JENARO, C. Una nueva posibilidad laboral para personas con discapacidad: el empleo con apoyo. **Siglo Cero**, [S.l.], v. 24, n. 3, p. 5-12, 2005.

[129] SASSAKI, 2010, p. 79-80.

[130] SOUSA, 2000.

[131] FREIRE, P. **Educação como prática da liberdade**. Rio de Janeiro: Paz e Terra, 2009.

[132] *Ibidem.*

A prática educativa do EA ocorre nas três fases da metodologia conforme a corrente baseada na Association of People Supporting Employment (APSE)[133], a mesma seguida pela ANEA[134], como ilustra a Figura 3.

Figura 3 – Fases do EA

Fonte: a autora

A primeira fase, referente ao "perfil vocacional", envolve descobrir pontos fortes, interesses e necessidades de apoio da pessoa. É realizada uma avaliação ecológica-funcional, preferencialmente na comunidade, que consiste em entrevistas com a pessoa, seus familiares e outros indivíduos que a conheçam. São também feitas observações em locais que o usuário frequenta. Essa é uma fase muito importante para analisar seus gostos, aptidões, medos, desafios, propor apoios, trabalhar habilidades laborais e contribuir com o empoderamento da pessoa. Aliás, sobre empoderamento, Vasconcelos[135] conceitua-o como "aumento do poder e autonomia pessoal e coletiva dos indivíduos e grupos sociais nas relações interpessoais e institucionais, principalmente daqueles submetidos a relações de opressão, dominação e discriminação social". Dentro da fase do perfil vocacional é importante investir na descoberta dos pontos fortes, interesses do usuário

---

[133] Associação Americana de Emprego Apoiado (ASSOCIATION OF PEOPLE SUPPORTING EMPLOYMENT FIRST (APSE). Rockville, Maryland, [2020]. Disponível em: https://apse.org/. Acesso em: 29 jun. 2020).
[134] ANEA, [2021].
[135] VASCONCELOS, F. D. **Ironias da desigualdade**: políticas e práticas de inclusão de pessoas com deficiência física. 2006. Tese (Doutorado em Saúde Coletiva) – Universidade Federal da Bahia, Salvador, 2006 *apud* BETTI, 2011, p. 33.

e nos apoios necessários. Para Betti[136], esses três pontos darão estratégias suficientes para formar uma base que evitará "uma relação mais intrusiva do consultor no local de trabalho".

A segunda fase, "desenvolvimento do emprego", abrange pesquisa e marketing em empresas para adequar o "perfil vocacional" ao emprego e à customização. É necessário análise da função para compatibilizar o perfil da pessoa com o perfil da vaga. Negociações são realizadas com o empregador para acomodações e adaptações, podendo assim ser criada uma vaga customizada ou já existente, atendendo a necessidades do usuário, do EA e da empresa. Havendo contratação, uma análise detalhada das tarefas precisa ser feita para elaboração de plano individual de treinamento e inclusão social.

Nessa segunda fase o consultor deve ter bastante atenção para poder acionar sua rede de relacionamentos e assim potencializar oportunidades de vagas. Segundo Betti[137], o consultor deve ter uma postura ativa para construir *networking* (rede de trabalho) e

> [...] ir atrás de informações e pessoas que possam fazer parte de sua rede. Participar de eventos sociais e empresariais. Consultar redes de relacionamento de colegas de trabalho e de familiares ou do próprio cliente.

Outro ponto a ser considerado na fase dois é a customização. Para Betti[138], a customização deve ser levada como uma das regras relevantes do EA, pois sem ela raramente será possível atender aos usuários que estão de fora do mercado de trabalho. Para o autor, a customização é

> [...] desenhar uma vaga que atenda às necessidades de apoio, pontos fortes e a vontade da pessoa com incapacidade mais significativa, assim como atender as necessidades do empregador[139].

Redig[140], por sua vez, atenta para a importância de customizar e afirma que "a customização não significa apenas a criação de uma atividade, mas também a adaptação de alguma função laboral já existente". Nesse aspecto,

---

[136]   BETTI, 2011, p. 39.

[137]   *Ibidem*, p. 56.

[138]   *Ibidem*.

[139]   *Ibidem*, p. 66.

[140]   REDIG, A. G. **Inserção laboral de jovens e adultos com deficiência intelectual**. Curitiba: Appris, 2016. p. 90.

Redig e Betti parecem concordar, pois Redig[141] também aponta a importância da customização tanto para o funcionário como para a empresa:

> [...] a customização do emprego contribui para a eliminação de barreiras atitudinais e dos preconceitos existentes, visto que haverá oportunidade de mostrar sua capacidade, a partir da sua produção laboral. Tanto funcionário e empresa serão beneficiados.

Dessa forma, com a customização e a avaliação dos processos da função do cargo, podemos entender que, na fase dois, está fundamentada grande parte da produtividade do usuário.

Podemos nos arriscar a afirmar que a produtividade e o desempenho são a base para o sucesso da inclusão em ambiente de trabalho e a única forma de mantermos o usuário empregado sem ser por um viés assistencialista, de cumprimento de Lei de Cotas ou piedade.

Na terceira fase, "acompanhamento e pós-colocação", deve ser acompanhado o treinamento e a inclusão laboral da pessoa no EA, verificando-se as estratégias e se os apoios estão sendo bem-sucedidos. O acompanhamento contínuo começa quando se considera que usuário e empresa estão aptos a dar continuidade ao processo/metodologia do EA, e é fundamental para garantir a preservação do trabalho e assegurar a produtividade do usuário, visando garantir a qualidade da inclusão, intervir em situações desafiadoras e auxiliar no desenvolvimento da carreira dos sujeitos. O acompanhamento pós-colocação é feito, geralmente, por meio de uma avaliação com pontos importantes de habilidades sociais, práticas e laborais. Outro ponto importante dessa terceira fase é a triangulação entre empresa, família e usuário. Nesse momento do EA, o consultor passa a dar o retorno para esses três agentes e fortalece a inclusão laboral[142].

Dentro da fase três, há o desenvolvimento de carreira. Toda pessoa, ao ingressar num trabalho, tem como objetivo aumento de salário, promoção, aprender coisas novas e conseguir novos benefícios, e claro que não pode nem deve ser diferente para os usuários do EA. Contudo, esse é um grande desafio para a inclusão em ambiente de trabalho, pois muitas vezes as empresas não conseguem vislumbrar novos potenciais, habilidades ou desafios para as pessoas em situação de deficiência significativa. Dessa maneira, o

---

[141] *Ibidem*, p. 206.
[142] ANEA, [2021].

consultor na fase de pós-colocação precisa estar atento para mediar essas situações, o que é apontado pela literatura como uma das dificuldades do consultor, tal como afirma Betti[143]:

> [...] ainda existe por parte dos consultores uma dificuldade em lidar com a questão. Parece ser mais fácil deixar como estão. Elas estão bem e o consultor já teve tanto trabalho para fazer tudo dar certo que deixa de escutar as necessidades e vontades de seus clientes. Dar voz à pessoa com incapacidade mais significativa e realmente deixar que ela conduza seu processo de inclusão não é fácil, exige capacitação e conhecimento por parte do consultor que está conduzindo o processo.

Outro ponto para se levar em consideração na fase três é o treinamento. Essa metodologia, como explica Betti[144], muda o paradigma "treinar-colocar", centrado na capacitação, no treinamento e desenvolvimento de habilidades e na colocação no mercado de trabalho, e assume o modelo "colocar-treinar". Cabe ao consultor, na parte do treinamento, avaliar se ele vai preparar os treinadores antes ou durante a colocação e se o consultor vai fazer parte do treinamento. Betti[145] explica que a opção de o consultor participar ou não do treinamento deve atender à disponibilidade da empresa, e, caso essa disponibilidade não seja viável, o consultor deve preparar os funcionários que serão colegas de trabalho do usuário para esse treinamento. Para esse treinamento acontecer de forma positiva, o consultor deve "conhecer o estilo de aprendizagem do seu cliente para poder mediar com sucesso esse treinamento"[146], e esse conhecimento acontece durante todas as fases do EA, por isso a necessidade de segui-las.

---

[143] BETTI, 2011, p. 103.
[144] *Ibidem.*
[145] *Ibidem.*
[146] *Ibidem*, p. 96.

3

A RELAÇÃO INCLUSÃO-EXCLUSÃO NA ABORDAGEM DO EMPREGO APOIADO

Numa sociedade, existem normas e leis. As normas são condutas que se esperam ou se exigem do cidadão, que podem ser jurídicas ou não. A manifestação da norma elaborada pelo Poder Legislativo é o que chamamos de lei. Nas normas, há valores de referência. Quando nos referimos a esses valores, estamos falando de uma série de crenças profundas, que definem o que é importante ou não. Na perspectiva da inclusão em ambiente de trabalho, alguns valores estão amadurecidos. Um desses valores está na visão da deficiência, que nos leva às representações sociais.

Incluir é, também, a capacidade de ver na pessoa com deficiência um indivíduo, usuário do EA, com capacidades, desejos, em condições de assumir responsabilidades, direitos e deveres. Para Lepri[147], "assumir como valor a pessoa e as respostas às suas necessidades de normalidade pode orientar o trabalho dos serviços, ajudando-os a superar Representações Sociais estereotipadas e desvalorizadas". O mesmo autor afirma ainda que outro elemento que se tornou valor do sistema de serviços é o conceito de inclusão social, "valor irrenunciável, porque é a essência da ação capacitadora, visto que representa seu fim e também seu meio"[148].

Na inclusão social, as diferenças são observadas, respeitadas, tomadas em consideração, e ofertadas condições especiais de atendimento para garantir a vida em sociedade. Aranha[149] considera que, para a igualdade ser real, deve ser relativa, e afirma que não se trata de privilégios, mas sim de ofertar condições exequíveis de acesso e participação de todos, respeitando diferenças, valores e direitos.

---

[147] LEPRI, 2012, p. 172.

[148] *Ibidem*, p. 172.

[149] ARANHA, 2001.

Santos[150], ao discutir igualdade, já ponderava que não existem duas pessoas iguais no mundo, sendo justo e necessário o direito à igualdade, da mesma forma que é legítimo o direito à diferença. De acordo com esse autor, a igualdade não deve ser usada para prejudicar o diferente, pois

> Temos o direito a ser iguais quando a nossa diferença nos inferioriza e temos o direito a ser diferentes quando a nossa igualdade nos descaracteriza. Daí a necessidade de uma igualdade que reconheça as diferenças e de uma diferença que não produza, alimente ou reproduza as desigualdades.[151]

Boaventura de S. Santos, em palestra proferida no VII Congresso Brasileiro de Sociologia, realizado em 1995, há quase 30 anos, discorreu sobre paradigmas existentes na inclusão, explicando que, de um lado, estão a igualdade e a integração social, e, do outro, a desigualdade e a exclusão, ou seja, de um lado, os princípios de emancipação; do outro, os princípios da regulação. Na emancipação estão, segundo o autor, a igualdade, a liberdade e a cidadania; e na regulação, a desigualdade e a exclusão. Santos[152] considera que a desigualdade acontece pela integração subordinada, em que "quem está embaixo está dentro e a sua presença é indispensável", e na exclusão "quem está embaixo está fora".

O binômio inclusão-exclusão não pode ser pensado como antagônico. Segundo Lunardi[153], incluídos e excluídos estão na mesma rede de poder, mudando apenas as formas de discursos, que se deslocam e se fragmentam, transformando-se em outras formas de poder e representação. Para Lancillotti[154], a inclusão só se aplica porque vivemos numa sociedade excludente e essa exclusão, de acordo com Sawaia[155], especificamente no caso da sociedade brasileira, é reforçada e reproduzida ao

---

[150] SANTOS, B. S. **Reconhecer para libertar**: os caminhos do cosmopolitanismo multicultural. Rio de Janeiro: Civilização Brasileira, 2003. Disponível em: http://www.scielo.br/pdf/ensaio/v25n95/1809-4465-ensaio-S0104-40362017002500869.pdf. Acesso em: 14 jul. 2020.

[151] *Ibidem*, p. 56.

[152] SANTOS, B. S. A construção multicultural da igualdade e da diferença. *In*: CONGRESSO BRASILEIRO DE SOCIOLOGIA, 7., 1995, Rio de Janeiro. **Anais** [...]. Texto policopiado. p. 2. Disponível em: https://ces.uc.pt/publicacoes/oficina/ficheiros/135.pdf. Acesso em: 22 ago. 2020.

[153] LUNARDI, M. L. Inclusão/exclusão: duas faces da mesma moeda. **Revista Educação Especial**, [*S.l.*], v. 18, 2001. Disponível em: https://periodicos.ufsm.br/educacaoespecial/article/view/5181. Acesso em: 3 fev. 2019.

[154] LANCILLOTTI, 2003.

[155] SAWAIA, B. O sofrimento ético-político como categoria de análise da dialética exclusão/inclusão. *In*: SAWAIA, B. B. (org.). **As artimanhas da exclusão**: análise psicossocial e ética da desigualdade social. Petrópolis: Vozes, 2002.

ponto de ser aceita no nível social, e mesmo por parte do próprio excluído, trazendo uma naturalização para o ciclo da exclusão. A referida autora chama atenção para as armadilhas das propostas de inclusão social, que, por existirem, já revelam a complexidade e a contrariedade do processo de exclusão.

Campos[156] atenta para a importância de se discutir a exclusão e cita Martins[157] para se referir ao uso inequívoco do conceito de exclusão, pois o que existe é uma inclusão precária e instável. Campos[158] também ressalta a banalização do termo "inclusão", como se apenas a declaração de intenção de inclusão já constituísse a inclusão, de alguma maneira tirando o direito de o excluído exercer alguma resistência. Para este autor:

> O uso "natural" da palavra inclusão, sem a discussão das formas específicas, serve para retirar a força do conceito de exclusão, esconder desigualdades e negar o lugar de todos nós como agentes nos processos, na construção da precariedade e a instabilidade das formas cotidianas de estar dentro da escola e do mundo social.[159]

Paugam, em seus estudos sobre as transformações do mercado de trabalho, chama atenção para a desqualificação social com enfraquecimento dos vínculos sociais e consequente marginalização de certos segmentos da população. Para Paugam[160], o estudo da desqualificação social é:

> Estudar a diversidade dos status que definem as identidades pessoais, ou seja, os sentimentos subjetivos acerca da própria situação que esses indivíduos experimentam no decorrer de diversas experiências sociais, e, enfim, as relações sociais que mantém entre si e com o outro.

De acordo com este autor, três ideias centrais estão ligadas ao conceito de desqualificação social: a noção de trajetória, que permite entender a trajetória temporal do indivíduo; o conceito de identidade, que pode ser positiva (construção) ou negativa (crise); e a territorialidade, que está vinculada ao espaço que abriga os processos excludentes.

---

[156] CAMPOS, P. H. O estudo da ancoragem das representações sociais e o campo da educação. **Revista de Educação Pública**, Cuiabá, v. 26, n. 63, p. 775-797, 2017. Disponível em: https://periodicoscientificos.ufmt.br/ojs/index.php/educacaopublica. Acesso em: 26 jul. 2021.

[157] MARTINS, J. S. **Exclusão**: a nova desigualdade social. São Paulo: Vozes, 1997. p. 4.

[158] CAMPOS, 2017.

[159] *Ibidem*, p. 7.

[160] PAUGAM, S. **Desqualificação social**: ensaio sobre a nova pobreza. São Paulo: EDUC; Cortez, 2003. p. 47 *apud* PIZZIO, 2009, p. 211.

Considerando a complexidade e a grande contribuição que trouxeram os estudos de Paugam[161], de modo mais simples podemos inferir que a construção conceitual da desqualificação social está ligada ao processo de exclusão e que perpassa três fases: de fragilidade, de dependência e de ruptura. Na fragilidade, existem experiências sofridas que acarretam sensação de inferioridade social e que levarão à fase seguinte, que é a de dependência. Segundo o autor, esta fase é quando os serviços sociais se responsabilizam pela pessoa, que, a essa altura, nunca trabalhou, ou desistiu de trabalhar. Caso o indivíduo apresente por muito tempo a situação de dependência, ela pode levar à última fase do processo, de ruptura, que constitui uma experiência em que os indivíduos vivenciam um acúmulo de dificuldades. Para Paugam[162], a soma de fracassos sucessivos, como não conseguir trabalhar, não manter o emprego ou perda de contato com a sociedade, pode conduzir à marginalização.

Nesse sentido, Pizzio[163] entende que

> [...] os indivíduos em situação de marginalização se revestem de um status de inferioridade social, que, além de impedi-los de aprofundar um sentimento de pertencimento, serve de barreira que impede uma inserção adequada como cidadão.

A noção de deficiência que foi produzida histórica e culturalmente construiu uma visão do ser estigmatizado, não eficiente, incompleto e não adaptado, corroborando sua invisibilidade e exclusão, também características da desqualificação. Santos[164] chama essa invisibilidade de noção de ausência, "que consiste em demonstrar que, o que não existe, na realidade, foi produzido para permanecer oculto por relações sociais injustas e predatórias".

O trabalhador incluído por meio da metodologia do EA ainda tem uma herança de estigmas que muitas vezes é expressa mediante a infantilização, e por isso é tratado de forma diferenciada[165]. Segundo Goffman[166], o ser estigmatizado é aquele cuja identidade social real guarda algum atributo que não condiz com as expectativas ditas normais. A estigmatização do usuário de EA pode decorrer das expectativas e crenças em relação à pro-

---

[161] PAUGAM, 2003.
[162] *Ibidem.*
[163] PIZZIO, 2009, p. 222.
[164] SANTOS, 2006 *apud* PIZZIO, 2009, p. 223.
[165] GOFFMAN, E. **Estigma**: notas sobre a manipulação da identidade deteriorada. Rio de Janeiro: Zahar, 1963.
[166] *Ibidem.*

dutividade desse trabalhador, e essa atitude pode gerar consequências no processo de inclusão, agravando a exclusão. Campos[167], em relação à noção de exclusão, observa que ela parece coexistir com uma crise dos vínculos sociais, ou seja, ela

> [...] põe em evidência uma perda, progressiva ou súbita, total ou parcial da capacidade de participar econômica, social e politicamente, seja da capacidade de participar dos mecanismos de organização da sociedade ou de seus benefícios materiais e culturais.

Falar de inclusão, numa sociedade que desqualifica e exclui a pessoa em situação de deficiência significativa, torna-se perverso, pois remete à ideia de normalização, quando, na verdade, pouco existe de reconhecimento social. Aparentemente, o reconhecimento está apenas na esfera jurídica, como veremos a seguir. Se, por um lado, esse reconhecimento de direito é importante e necessário, por outro, ele bloqueia, paralisa e cria uma ilusão de inclusão, dificultando aos sujeitos envolvidos lutar por uma inclusão de fato.

O que se encontra, na realidade, é um "belo" ordenamento jurídico que garante a inclusão em ambiente de trabalho apenas no direito, mas ainda esbarra em ideias, estigmas e preconceitos que dificultam a inclusão de fato. Para Lepri[168],

> [...] só podemos buscar o valor da inclusão social, "fazendo inclusão", ou seja, no nosso caso é colocando a pessoa com deficiência "na situação". Também por isso podemos afirmar que o único modo de "ensinar" a inclusão é praticá-la.

Essa prática se aplica na conduta esperada socialmente, mas também se aplica na legislação. É função da lei controlar os comportamentos e ações dos indivíduos de acordo com os princípios que a sociedade espera dele. Porém, como afirma Almeida[169], as políticas públicas nacionais não frearam o processo de exclusão, piorando as condições na sociabilidade desse segmento.

---

[167] CAMPOS, P. H. Quando a exclusão se torna objeto de representação social. *In*: MOREIRA, A. S. P. (org.). **Representações sociais**: teoria e prática. João Pessoa: Ed. Universitária, 2001. p. 103-121. p. 105. Disponível em: http://www.scielo.br/scielo.php?script=sci_nlinks&ref=000139&pid=S1413-7372200400030000400003&lng=en. Acesso em: 26 jul. 2021.

[168] LEPRI, 2012, p. 173.

[169] ALMEIDA, M. C. **Saúde e reabilitação de pessoas com deficiência**: políticas e modelos assistenciais. 2000. Tese (Doutorado em Saúde Coletiva) – UNICAMP, Campinas, 2000.

O Brasil preconiza normas prescritivas que marcam uma política pública significativa de inclusão social e inclusão no ambiente de trabalho. A Constituição federal[170] buscou romper com o viés assistencialista e garantiu direitos básicos às pessoas com deficiência por meio dos seguintes artigos: Art. 5.º, que dispõe sobre o princípio da igualdade; Art. 7.º, inciso XXXI, que dispõe sobre a proibição de qualquer discriminação no tocante a salário e critérios de admissão do trabalhador com deficiência; Art. 37.º, inciso VII, que regulamenta a lei que reservará percentual dos cargos e empregos públicos para as pessoas com deficiência e definirá os critérios de sua admissão; e Art. 203, inciso V, que garante um salário mínimo de benefício mensal à pessoa com deficiência que comprove não possuir meios de prover a própria manutenção ou de tê-la provida por sua família.

Neri, Carvalho e Costilha[171] consideram que a Constituição foi o principal indutor na luta da inclusão no ambiente de trabalho da PcD. Simonelli e Camarotto[172] parecem concordar com aqueles e afirmam que

> [...] as políticas públicas brasileiras são marcadas pela introdução do respeito aos direitos de pessoas com deficiência. A ação organizada dessa parcela da população gerou conquistas importantes no setor institucional, essencialmente no tocante à legislação.

Numa sequência cronológica da legislação, a Lei n.º 7.853[173], em seu Art. 2.º, inciso III, alínea d, preconiza a adoção de legislação específica que discipline a reserva de mercado de trabalho, em favor das pessoas com deficiência, nas entidades da Administração Pública e do setor privado, e que regulamente a organização de oficinas e congêneres integradas ao mercado de trabalho, e a situação, nelas, das pessoas com deficiência.

---

[170] BRASIL. [Constituição (1988)]. **Constituição da República Federativa do Brasil de 1988.** Brasília: Presidência da República, 1988. Disponível em: http://www.planalto.gov.br/ccivil_03/constituicao/Constituicao-Compilado.htm. Acesso em: 15 maio 2018.

[171] NERI, M.; CARVALHO, A. P.; COSTILLA, H. G. **Política de cotas e inclusão trabalhista das pessoas com deficiência.** [S.l.: s.n.], 2002. Disponível em: http://www.bndes.gov.br/SiteBNDES/export/sites/default/bndes_pt/Galerias/Arquivos/bf_bancos/e0002351.pdf. Acesso em: 12 jun. 2018.

[172] SIMONELLI, A.; CAMAROTTO, J. Análise de atividades para a inclusão de pessoas com deficiência no trabalho: uma proposta de modelo. **Gest. Prod.**, São Carlos, v. 18, n. 1, p. 13-26, 2011. p. 14. DOI 10.1590/S0104-530X2011000100002.

[173] BRASIL. **Lei nº 7.853 de 24 de outubro de 1989.** Dispõe sobre o apoio às pessoas portadoras de deficiência, sua integração social, sobre a Coordenadoria Nacional para Integração da Pessoa Portadora de Deficiência - Corde, institui a tutela jurisdicional de interesses coletivos ou difusos dessas pessoas, disciplina a atuação do Ministério Público, define crimes, e dá outras providências. Brasília: Presidência da República, 1989. Disponível em: http://www.planalto.gov.br/CCIVIL_03/leis/L7853.htm. Acesso em: 20 fev. 2018.

O Brasil foi país signatário de duas convenções da Organização Internacional do Trabalho. A primeira discorreu sobre a discriminação em matéria de emprego e profissão e deu originem ao Decreto Legislativo n.º 62.150[174], e a segunda foi a respeito da Adaptação de Ocupações e o Emprego do Portador de Deficiência, ratificada pelo Decreto Legislativo n.º 129[175], e originou a Lei n.º 8.213[176], conhecida como *Lei de Cotas*, que assegura uma porcentagem de contratação da PcD para empresas com mais de cem funcionários. Ainda em 1990, foi criada a Lei n.º 8.112[177], que em seu Art. 5.º, § 2, estabeleceu que seriam reservadas até 20% das vagas oferecidas no concurso para pessoas com deficiência.

Em meados da década de 90 do século passado e início dos anos 2000, a legislação preocupou-se com o direito de ir e vir e a acessibilidade da PcD, ligados diretamente à inclusão no ambiente de trabalho. Dentro dos preceitos legais relacionados ao tema, destaca-se a Lei n.º 8.899[178], também conhecida como a *Lei do Passe Livre para PcD*, regulamentada pelo Decreto n.º 3.691[179], que dispõe em seu Art. 1.º que "as empresas permissionárias e autorizatárias de transporte interestadual de passageiros reservarão dois assentos de cada veículo, destinado a serviço convencional, para ocupação das [PcDs]", e a Lei n.º 10.098[180], que estabelece normas e critérios de promoção de acessibilidade para a PcD ou pessoa com mobilidade reduzida.

---

[174] BRASIL. **Decreto nº 62.150, de 19 de janeiro de 1968**. Promulga a Convenção nº 111 da OIT sôbre discriminação em matéria de emprêgo e profissão. Brasília: Presidência da República, 1968. Disponível em: https://www.planalto.gov.br/ccivil_03/decreto/1950-1969/d62150.htm. Acesso em: 11 ago. 2023.

[175] BRASIL. **Decreto nº 129, de 22 de maio de 1991**. Promulga a Convenção nº 159, da Organização Internacional do Trabalho - OIT, sobre Reabilitação Profissional e Emprego de Pessoas Deficientes. Brasília: Presidência da República, 1991a. Disponível em: https://www.planalto.gov.br/ccivil_03/decreto/1990-1994/d0129.htm#textoimpressao. Acesso em: 11 ago. 2023.

[176] BRASIL, 1991b.

[177] BRASIL. **Lei nº 8.112, de 11 de dezembro de 1990**. Dispõe sobre o regime jurídico dos servidores públicos civis da União, das autarquias e das fundações públicas federais. Brasília: Presidência da República, 1990. Disponível em: http://www.planalto.gov.br/ccivil_03/LEIS/L8112cons.htm. Acesso em: 15 jan. 2020.

[178] BRASIL. **Lei nº 8.899, de 29 de junho de 1994**. Concede passe livre às pessoas portadoras de deficiência no sistema de transporte coletivo interestadual. Brasília: Presidência da República, 1994. Disponível em: http://www.jusbrasil.com.br/busca?q=Lei+8899+%2F94. Acesso em: 11 jan. 2017.

[179] BRASIL. **Decreto nº 3.691, de 19 de dezembro de 2000**. Regulamenta a Lei nº 8.899, de 29 de junho de 1994, que dispõe sobre o transporte de pessoas portadoras de deficiência no sistema de transporte coletivo interestadual. Brasília: Presidência da República, 2000a. Disponível em: http://www.planalto.gov.br/ccivil_03/decreto/d3691.htm. Acesso em: 11 jan. 2017.

[180] BRASIL. **Lei nº 10.098, de 19 de dezembro de 2000**. Estabelece normas gerais e critérios básicos para a promoção da acessibilidade das pessoas portadoras de deficiência ou com mobilidade reduzida, e dá outras providências. Brasília: Presidência da República, 2000b. Disponível em: http://www.planalto.gov.br/ccivil_03/leis/L10098.htm. Acesso em: 11 jan. 2017.

No dia 13 de dezembro de 2006, foi realizada Assembleia Geral das Nações Unidas, em Nova Iorque, quando foi aprovado o texto da Convenção sobre os Direitos das Pessoas com Deficiência (CDPD), importante legislação para o EA, que foi incorporada à legislação brasileira em 2008. Foi aprovado pelo Decreto Legislativo n.º 186, de 2008, e promulgado pelo Decreto n.º 6.949, de 2009, com força de emenda constitucional, e que em seu Art. 27, § 1, traz:

> Os Estados Partes reconhecem o direito das pessoas com deficiência ao trabalho, em igualdade de oportunidades com as demais pessoas. Esse direito abrange o direito à oportunidade de se manter com um trabalho de sua livre escolha ou aceitação no mercado laboral, em ambiente de trabalho que seja aberto, inclusivo e acessível à pessoas com deficiência. Os Estados Partes salvaguardarão e promoverão a realização do direito ao trabalho, inclusive daqueles que tiverem adquirido uma deficiência no emprego, adotando medidas apropriadas, incluídas na legislação [...].[181]

Outro marco legislativo importante foi a Lei Brasileira de Inclusão, Lei n.º 13.146[182], que ratifica o modelo social proposto pela American Association on Intellectual and Developmental Disabilities (AAIDD) e é utilizado na metodologia do EA, cujo Capítulo VI é dedicado ao Direito ao Trabalho e preconiza que a colocação competitiva da PcD pode ocorrer por meio de trabalho com apoio. Em seu Art. 34, a LBI dispõe que "a pessoa com deficiência tem direito ao trabalho de sua livre escolha e aceitação, em ambiente acessível e inclusivo, em igualdade de oportunidades com as demais pessoas". O Art. 35 versa que "a finalidade primordial das políticas públicas de trabalho e emprego é promover e garantir condições de acesso e de permanência da pessoa com deficiência no campo de trabalho". Carvalho[183] chama atenção para o Art. 37, parágrafo único, e atribui a este a legitimidade do EA, uma vez que trata da

> I - prioridade no atendimento à pessoa com deficiência com maior dificuldade de inserção no campo de trabalho;

---

[181] BRASIL. **Decreto nº 6.949, de 25 de agosto de 2009.** Promulga a Convenção Internacional sobre os Direitos das Pessoas com Deficiência e seu Protocolo Facultativo, assinados em Nova York, em 30 de março de 2007. Brasília: Presidência da República, 2009. Disponível em: https://www.planalto.gov.br/ccivil_03/_ato2007-2010/2009/decreto/d6949.htm. Acesso em: 11 ago. 2023.

[182] BRASIL, 2015.

[183] CARVALHO, 2018.

> II - provisão de suportes individualizados que atendam a necessidades específicas da pessoa com deficiência, inclusive a disponibilização de recursos de tecnologia assistiva, de agente facilitador e de apoio no ambiente de trabalho;
> III - respeito ao perfil vocacional e ao interesse da pessoa com deficiência apoiada [...].[184]

Sassaki, no curso introdutório de EA promovido pela ANEA, ressaltou que a LBI reconheceu o EA e definiu suas características, no Art. 37º, caput, e em 7 incisos, e que a ANEA participou das consultas públicas da LBI. Para Sassaki[185], desde 2016 podemos defender o EA junto aos empregadores, porque a LBI determina que o EA seja um direito da PcD. O autor afirma ainda que, na fase em que não existia a LBI, havia o Decreto n.º 3.298/1999[186], que, em seu Art. 35, apontava duas técnicas que fazem parte da metodologia do EA: procedimentos especiais, como a flexibilização de horário e os apoios especiais — por exemplo, o técnico/consultor de EA.

Devido à sua importância para a inclusão no ambiente de trabalho, retomamos a Lei n.º 8.213[187], conhecida como Lei de Cotas, que obriga as empresas com mais de cem funcionários a contratarem de 2% a 5% de PcDs ou reabilitados para seu quadro funcional. Se a empresa conta com 100 a 200 empregados, deve contratar 2% de PcDs; de 201 a 500 empregados, 3%; de 501 a 1.000, 4%; e de 1.001 em diante, 5% do total de empregados. No ano de 2000, essa lei foi regulamentada, levantando a questão da fiscalização sobre o cumprimento das cotas estipuladas, e em 2004 foram estabelecidas quais deficiências estavam incluídas. A deficiência intelectual é uma delas.

A Lei de Cotas é uma ação afirmativa do governo, e Toldrá[188] chama atenção para os benefícios de políticas afirmativas que permitem, ao obrigar a contratação, uma maior visibilidade das diferentes potencialidades das PcDs e uma diminuição do preconceito com relação a estas. Monteiro[189] também registra que:

> O valor da Lei de Cotas é reconhecido em sua impulsão na abertura das portas do mercado de trabalho a um grupo tradicionalmente excluído, segregado e estigmatizado dos sistemas

---

[184] BRASIL, 2015.

[185] *Ibidem.*

[186] BRASIL, 1999.

[187] BRASIL, 1991b.

[188] TOLDRÁ, R. C. Políticas afirmativas: opinião das pessoas com deficiência acerca da legislação de reserva de vagas no mercado de trabalho. **Rev. Terapia Ocupacional da Univ.**, São Paulo, v. 20, n. 2, p. 110-117, maio/ago. 2009. Disponível em: https://www.revistas.usp.br/rto/article/view/14064/15882. Acesso em: 14 mar. 2021.

[189] MONTEIRO, 2013, p. 82.

> sociais. Os discursos parecem impregnados dos pressupostos da inclusão, tendo sido evocados alguns de seus eixos norteadores, como: equidade, equiparação de oportunidades e acesso aos direitos humanos fundamentais. De modo geral, as visões parecem características de gestores que reconhecem as potencialidades das PcD e estão abertos a acolher o diferente.

Por outro lado, Ross[190] destacou o direito que amplia a possibilidade de participação da PcD na esfera social, mas que não necessariamente "produz um novo sujeito político, não materializa formas organizativas, não expressa necessidades nem institucionaliza bandeiras de luta e de resistência". O direito jurídico é de extrema importância para a inclusão da pessoa em situação de deficiência mais significativa, contudo apenas a Lei não transforma uma sociedade.

Não é incomum encontrarmos ofertas de vagas com o seguinte dizer: "Contrata-se PcD com urgência para cumprimento de cotas". Também é significativo constatar as restrições de funções ofertadas às PcDs no ambiente de trabalho ou grande quantidade de empregados com o mesmo tipo de deficiência alocados em um mesmo setor, formando o que podemos chamar de um "setor excludente", como, por exemplo, empresas que alocam pessoas surdas para trabalhar em locais de grande barulho ou pessoas cegas para trabalhar em setores com pouca iluminação. O que se espera, na inclusão de pessoas em situação de deficiência mais significativa em ambiente de trabalho, é que se respeite a diversidade dentro da diversidade, pois todos os tipos de deficiência devem ser contemplados, e seus cargos e funções devem ser escolhidos conforme as competências e habilidades das pessoas, e não por seu tipo de deficiência.

Atualmente há o Projeto de Lei n.º 6.159/2019[191], que traz, em seu bojo, modificações importantes na atual Lei de Cotas. Entretanto, esse projeto de lei foi duramente criticado por inúmeros órgãos que trabalham com inclusão no trabalho. A ANEA foi a público e analisou tal projeto como um retrocesso devido à sua inconstitucionalidade diante da Convenção sobre os Direitos das Pessoas com Deficiência e da Lei Brasileira de Inclusão. Também como medida de resistência ao projeto, em dezembro de 2019 foi criado o grupo ColetivAção, formado por pessoas com deficiência, profissionais de instituições e empresas de segmentos distintos, que luta em defesa do direito da empregabilidade.

---

[190] ROSS, 1998, p. 68.

[191] BRASIL. Câmara dos Deputados. **PL 6159/2019**. Brasília: Câmara dos Deputados, 2019a. Disponível em: https://www.camara.leg.br/proposicoesWeb/fichadetramitacao?idProposicao=2230632. Acesso em: 11 ago. 2023.

4

REFERENCIAL TEÓRICO-METODOLÓGICO: TEORIA DAS REPRESENTAÇÕES SOCIAIS

A TEORIA DAS REPRESENTAÇÕES SOCIAIS: ASPECTOS GERAIS

A inclusão de pessoas em situação de deficiência significativa em ambiente de trabalho é um processo social que gera efeitos tanto na vida dos usuários do EA como nas práticas educativas de consultores de EA. Para entender melhor como acontecem essas relações e interações sociais, adotou-se a teoria das representações sociais como referencial teórico-metodológico do estudo. Tal escolha se justifica por se tratar de uma teoria que propicia compreender a construção do pensamento social de diferentes grupos e como eles agem a respeito de determinado objeto.

Serge Moscovici, na obra *La psychanalyse, son image et son public*, publicada em 1961 na França, estuda e focaliza as opiniões, imagens e crenças que circulam em diferentes grupos sociais a respeito da psicanálise, que na época estava no centro da atenção da sociedade francesa. O objeto de pesquisa do estudo era a psicanálise, e o objetivo era compreender como se constituíam as diferentes representações sociais desse objeto. Os resultados apontaram para o fato de que os indivíduos elaboram teorias do senso comum sobre um objeto derivado da ciência. A partir desse momento, o autor propõe a noção de representação social. Em 1976, Moscovici declarou que sua intenção era redefinir o campo da Psicologia Social, dando destaque à sua função simbólica e ao seu poder de construção do real.

Ao introduzir a TRS, Serge Moscovici resgatou o conceito de representações coletivas proposto por Durkheim, que se referia à maneira como a sociedade pensava as coisas de acordo com sua própria existência. Sua função era preservar o vínculo entre os membros de um mesmo grupo para que pudessem pensar e agir de uma forma uniforme. As representações desenhadas por Durkheim eram produzidas e reproduzidas na coletividade, sendo entendidas como homogêneas e compartilhadas, perdurando por gerações[192].

---

[192] SÁ, 1998.

Segundo Deschamps e Moliner[193],

> [...] diferente das representações coletivas, as representações sociais não são o próprio ou distintivo da sociedade em seu conjunto. Elas são elaboradas pelos membros dos diferentes grupos que constituem essa sociedade.

Diferentemente do conceito proposto por Durkheim, as representações sociais cunhadas por Moscovici procuram dialetizar as relações entre indivíduo e sociedade, pois, de acordo com este, as representações sociais só ganham forma na ação, nas trocas, na comunicação, na interação, nas negociações entre os sujeitos e entre os grupos. Por isso a importância de compreender como o meio social interfere na elaboração das representações sociais dos indivíduos e do grupo a que pertencem e como elas, por sua vez, interferem no meio social[194].

Na TRS, uma representação é considerada "uma forma de conhecimento, socialmente elaborado e partilhado, tendo uma meta prática e concorrendo para a construção de uma realidade comum a um conjunto social"[195]. Para a representação ocorrer, é necessário que várias condições se reúnam. Primeiro é preciso que a informação referente ao objeto se disperse na sociedade, sem que seja possível juntá-la em sua integralidade. Em segundo lugar, o grupo social deve focalizar a preocupação num aspecto particular desse objeto de acordo com a posição, os valores e os interesses do grupo. E, por último, tal grupo deve sentir alguma pressão à inferência, ou seja, que os indivíduos do grupo entendam que o objeto é importante e que, por isso, é necessário ter conhecimento sobre ele[196].

Estamos sempre sendo impelidos a compreender o mundo em que vivemos e a torná-lo previsível para que possamos controlá-lo. Ao mesmo tempo, estamos sempre interagindo e somos exigidos a dar opiniões, tomar decisões sobre determinados assuntos, comportamentos e situações. Essas interações sociais com que estamos habituados formam um consenso, e o produto delas são as representações sociais. Essas representações são elaboradas de acordo com o grupo social, mas nem todos os grupos sociais compartilham as mesmas experiências, os mesmos valores e as mesmas ideologias, apesar de suas representações serem baseadas nisso[197].

---

[193] DESCHAMPS, J. C.; MOLINER, Pascal. **A identidade em psicologia social**: dos processos identitários às representações sociais. Tradução de Lúcia M. Endlich Orth. Petrópolis: Vozes, 2014. p. 134.

[194] *Ibidem.*

[195] JODELET, 2001, p. 36.

[196] *Ibidem.*

[197] RATEAU, P. *et al.* Social representation theory. *In*: VAN LANGE, P. A. M.; KRUGLANSKI, A. W.; HIGGING, E. T. (ed.). **The handbook of theories of social psychology**. Los Angeles: SAGE, 2012. p. 477-497.

Segundo Moscovici[198], a representação social é uma modalidade particular de conhecimento cuja função é a compreensão de comportamentos e a comunicação entre os indivíduos. É por meio da comunicação que os conhecimentos partilhados se cristalizam no grupo e determinam crenças, opiniões, formas de viver e influenciam a vida social. Para Moscovici[199], uma representação tem duas faces, que são indissociáveis, como se fossem os dois lados de uma folha de papel: a face figurativa e a face simbólica. Isso significa que cada figura corresponde a um sentido; e cada sentido, a uma figura. O caráter figurativo e o simbólico das representações sociais são elementos que não podem ser analisados de maneira separada ou distinta. Alves-Mazzotti[200] explica que:

> Os processos envolvidos na atividade representativa têm por função destacar uma figura e, ao mesmo tempo, atribuir-lhe um sentido, integrando-o ao nosso universo. Mas têm, sobretudo, a função de duplicar um sentido por uma figura e, portanto, objetivar, e uma figura por um sentido, logo, consolidar os materiais que entram na composição de determinada representação.

Podemos distinguir três desdobramentos teóricos em relação à obra seminal de Moscovici[201]: a abordagem processual, ou sociogenética; a abordagem societal; e a abordagem estrutural. Detalharemos a primeira, porque foi privilegiada neste estudo. Adotamos a abordagem processual, ou sociogenética, por entender que ela possibilita compreender, no âmbito sociocognitivo, a gênese das representações dos consultores de EA e como elas se associam a suas práticas educativas, no ambiente em que estão inseridos.

A abordagem processual é a mais fiel à teoria original das representações sociais e teve como propulsora Denise Jodelet, que ajudou a sistematizar a teoria, dando uma visão mais objetiva à TRS, sem, contudo, deixar de ser fiel às proposições originais de Moscovici. O enfoque principal da abordagem processual é a forma como as representações são construídas, considerando a maneira como ocorre sua elaboração, sua gênese, por meio do estudo dos processos de objetivação e ancoragem. Uma das grandes contribuições de Jodelet à TRS foi atribuir protagonismo aos suportes a que as representações estão ligadas no dia a dia[202].

---

[198] MOSCOVICI, 2012.

[199] *Ibidem.*

[200] ALVES-MAZZOTTI, 2008, p. 23-24.

[201] MOSCOVICI, 1961.

[202] SÁ, 1998.

Sá[203] chama atenção para esses suportes e explica que "são basicamente os discursos das pessoas e grupos que mantém tais representações, mas também os seus comportamentos e as práticas sociais nas quais se manifestam". A abordagem processual valoriza as experiências concretas da pesquisa empírica, em que o fato tem predominância à teoria, e, mesmo assim, a teoria sustenta-se, pois, segundo Jodelet[204], os fatos não contradizem a teoria. Também Moscovici[205] esclarece que, "desde seu início, a TRS, insistiu com razão, no laço profundo entre cognição e comunicação, entre operações mentais e operações linguísticas, entre informação e significação".

Na gênese das representações sociais, estão presentes dois processos sociocognitivos: ancoragem e objetivação. Ambos são formas de lidar com a memória e têm por função destacar uma figura e, ao mesmo tempo, atribuir-lhe um sentido, integrando-o ao nosso universo, colocando-a em um contexto familiar[206]. Segundo Moscovici[207],

> [...] esses mecanismos transformam o não familiar em familiar, primeiramente transferindo-o a nossa própria esfera particular, onde somos capazes de compará-lo e interpretá-lo; e depois, reproduzindo-o entre as coisas que nós podemos ver e tocar, e consequentemente controlar.

Moscovici[208] explica que, apesar de os dois processos terem a mesma função e estarem articulados, existem diferenças entre eles, como, por exemplo,

> [...] na ancoragem, a memória está dirigida para dentro, excluindo e armazenando objetos, pessoas e acontecimentos. Já a objetivação é mais ou menos direcionada para fora e elabora conceitos e imagens para reproduzi-los no mundo exterior.

Sá[209], em seus estudos sobre representações sociais, refere-se a Jodelet[210], que afirma que os processos de ancoragem e objetivação "dão conta da forma pela qual o social transforma um conhecimento em representação e a forma pela qual essa representação transforma o social". Para a autora, esses processos

---

[203] *Ibidem*, p. 73.

[204] JODELET, 2001.

[205] MOSCOVICI, 2010, p. 220.

[206] SÁ, 1998.

[207] MOSCOVICI, 2010, p. 61.

[208] MOSCOVICI, S. **Representações sociais**: investigações em psicologia social. 7. ed. Petrópolis: Vozes, 2010. p. 78.

[209] SÁ, 1998.

[210] JODELET, 2001, p. 367.

levam a três indagações: 1) Quem sabe e de onde sabe? 2) O que e como sabe? 3) Sobre o que sabe e com que efeito? Por esses processos, é possível integrar, compreender o objeto, interpretar, conduzir as condutas e as relações sociais.

Também Alves-Mazzotti[211], ao se debruçar sobre o estudo de Denise Jodelet acerca dos processos formadores de uma representação social, ressalta que a ancoragem, quando é dialeticamente articulada à objetivação, garante as três funções da representação: a incorporação do estranho ou do novo; a interpretação da realidade; e a orientação das condutas e das relações sociais. Tais funções permitem entender como a significação é conferida ao objeto representado; como a representação é utilizada enquanto um sistema de interpretação do mundo social e instrumentaliza a conduta; e como se dá sua integração em um sistema de recepção e como influencia e é influenciada pelos elementos que aí se encontram.

No processo da ancoragem, pegamos algo que seja estranho ao nosso sistema de categorias e transformamo-lo em algo que acreditamos ser apropriado. Moscovici[212] compara a ancoragem como:

> Quase como ancorar um bote perdido em um dos boxes (pontos sinalizadores) de nosso espaço social. Quando nos deparamos com algo novo, que não podemos avaliar ou descrever, temos a tendência de resistir e de nos distanciarmos. Contudo, precisamos superar essa resistência e colocar esse algo novo em alguma categoria e colocar um rótulo com nome conhecido. Nesse momento, estamos fazendo a representação de algo, que é "fundamentalmente, um sistema de classificação e de denotação, de alocação de categorias e nomes".[213]

Quando classificamos, nós colocamos o objeto em um conjunto de comportamentos e regras que ditam o que é permitido ou não em relação a determinado grupo. Quando categorizamos, escolhemos um paradigma estocado em nossa memória e, a partir daí, estabelecemos uma relação positiva ou negativa com alguma pessoa ou objeto. Dessa forma, podemos entender que existe uma necessidade de definir coisas ou pessoas como conformes ou divergentes segundo a norma social[214].

Dessa forma, a definição de ancoragem, segundo Moscovici[215], é

---

[211] ALVES-MAZZOTTI, 2008.

[212] MOSCOVICI, 2010, p. 61.

[213] *Ibidem*, p. 62.

[214] DESCHAMPS; MOLINER, 2014.

[215] MOSCOVICI, 2010, p. 61.

[...] um processo que transforma algo estranho e perturbador, que nos intriga, em nosso sistema particular de categorias e o compara com um paradigma de uma categoria que pensamos ser apropriada.

Para Deschamps e Moliner[216],

[...] a ancoragem é o processo pelo qual os indivíduos escolhem um quadro de referência comum que lhes permita apreender o objeto social. Geralmente, este quadro de referência corresponde a um domínio familiar.

Nesse sentido, Arruda[217] enfatiza que é por meio da ancoragem que "o conhecimento se enraíza no social e volta a ele, ao converter-se em categoria e integrar-se a grade de leitura do mundo do sujeito, instrumentalizando o novo objeto".

A categorização classifica o objeto e dá ordem ao mundo. Ela está na origem das categorias cognitivas que ajudam a dar sentido e organizar uma determinada situação social, permitindo que o indivíduo lide com a dificuldade da situação de uma maneira rápida e automática e dessa forma constitua igualmente crenças partilhadas pelo grupo a que pertence.

Já no processo da objetivação, ocorre a transformação de algo abstrato em alguma coisa quase concreta, como se o que estivesse na imaginação fosse transportado para o mundo físico. Para Moscovici[218], "a objetivação une a ideia de não familiaridade com a de realidade, torna-se a verdadeira essência da realidade". Dessa forma, reproduzimos um conceito em uma imagem. Contudo, nem sempre é possível ligar algo a alguma imagem, seja porque não existem imagens suficientes, seja porque a imagem pode ser relacionada a tabus. Para esse caso, Moscovici[219] explica que

[...] as imagens que foram selecionadas, devido a sua capacidade de serem representadas, se mesclam, ou melhor, são integradas no núcleo figurativo, um complexo de imagens que reproduzem visivelmente um complexo de ideias.

Segundo Deschamps e Moliner[220],

---

[216] DESCHAMPS; MOLINER, 2014, p. 136.

[217] ARRUDA, Â. Teoria das representações sociais e teorias de gênero. **Cadernos de Pesquisa**, [S.l.], n. 117, dez. 2002. p. 132. Disponível em: https://www.scielo.br/j/cp/a/T4NRbmqpmw7ky3sWhc7NYVb/?lang=pt. Acesso em: 2 abr. 2011.

[218] MOSCOVICI, 2010, p. 71.

[219] *Ibidem*, p. 72.

[220] DESCHAMPS; MOLINER, 2014, p. 134.

> [...] a objetivação é o processo que os indivíduos vão utilizar para tentar reduzir a distância entre o conhecimento do objeto social que eles constroem e a percepção que eles têm do objeto. Transformando a opinião e crença em informação.

Ampliando o conceito de objetivação, Jodelet[221] entende que, nesse processo, são produzidos três tipos de efeito nos conteúdos representados: as distorções, as suplementações e as subtrações. Nas distorções, todos os atributos dos objetos estão presentes e podem ser acentuados ou minimizados. Nas suplementações, ocorre um acréscimo ao objeto e a ele são atribuídas qualidades que não lhe pertencem. Nas subtrações, são suprimidos atributos pertencentes ao objeto representado.

Para deixar mais claros esses dois importantes processos sociocognitivos para as representações sociais, citamos Moscovici[222], que explica:

> É dessa soma de experiências e memórias comuns que nós extraímos as imagens, linguagem e gestos necessários para superar o não familiar, com suas consequentes ansiedades. As experiências e memórias não são nem inertes e nem mortas. Elas são dinâmicas e imortais. Ancoragem e objetivação são, pois, maneiras de lidar com a memória. A primeira mantém a memória em movimento e a memória é dirigida para dentro, está sempre colocando e tirando objetos, pessoas e acontecimentos, que ela classifica de acordo com um tipo e os rótulos com um nome. A segunda, sendo mais ou menos direcionada para fora (para outros), tira daí conceitos e imagens para juntá-los e reproduzi-los no mundo exterior, para fazer as coisas conhecidas a partir do que já é conhecido.

Como vimos, a cognição é um ponto que interessa em particular à TRS, pois não está somente nos indivíduos, mas também no ambiente em que esses indivíduos circulam. A cognição é um dos três componentes da atitude, que, por sua vez, é uma dimensão das representações sociais. Jesuíno[223], em seu texto "Um conceito reencontrado", ao analisar o conceito de representações sociais introduzido por Moscovici[224], esclarece que a arquitetura básica do conceito de representação social é claramente definida por Moscovici por três dimensões, que seriam: (1) informação; (2) campo de representação; e (3) atitude.

---

[221] JODELET, 2001.

[222] MOSCOVICI, 2010, p. 78.

[223] JESUÍNO, J. C. Um conceito reencontrado. *In*: ALMEIDA, A. M.; SOUZA SANTOS, M. F.; TRINDADE, Z. A. (org.). **Teoria das representações sociais**: 50 anos. Brasília: Technopolitik, 2011. p. 33-57.

[224] MOSCOVICI, 2012.

A informação corresponde aos conhecimentos que o grupo tem sobre o objeto. Esses conhecimentos podem ser numerosos, escassos, precisos ou imprecisos. O campo de representação organiza as relações conforme o objeto e determina o conjunto dos aspectos que serão levados em conta pelo grupo. A atitude é a orientação global do grupo, que pode ser positiva ou negativa em relação ao objeto[225].

Jesuíno[226] chama atenção para o modelo básico dos três componentes de qualquer atitude: o cognitivo, o afetivo e o comportamental. O autor destaca que a tendência mais forte é a de reduzir a atitude ao componente afetivo, que, combinado com a informação, seria preditor da orientação comportamental. É a atitude que determina a natureza da informação que será escolhida pelo grupo[227].

Deschamps e Moliner[228] observam que a "informação e a atitude se referem diretamente ao conteúdo da representação, enquanto o campo se refere mais à organização deste conteúdo". Dessa forma, as três dimensões são relacionadas e dependentes umas das outras e são importantes para o estudo das representações, uma vez que permitem descrever e estudar o conteúdo de toda representação social.

REPRESENTAÇÕES SOCIAIS E PRÁTICAS

Como afirma Campos[229], o interesse que suscita a TRS "vem em parte de seu potencial de explicação do pensamento cotidiano dos grupos sociais e seus postulados quanto à imbricação desta modalidade de pensamento e as práticas sociais". Lima e Santos[230] chamam atenção para a importância da relação entre práticas e representações sociais e citam autores como

---

[225] *Ibidem.*

[226] JESUÍNO, 2011.

[227] JESUÍNO, 2011.

[228] DESCHAMPS; MOLINER, 2014, p. 137.

[229] CAMPOS, P. H. Representações sociais, risco e vulnerabilidade. Representação da saúde: abordagens contemporâneas. **Tempus**: Actas de Saúde Coletiva, [S.l.], v. 6, n. 3, p. 14-21, 2012. p. 14. Disponível em: https://www.tempusactas.unb.br/index.php/tempus. Acesso em: 26 jul. 2021.

[230] LIMA, R. C. P.; SANTOS, I. S. Representações sociais e práticas em escola de ensino fundamental: efeitos da Unidade de Polícia Pacificadora (UPP) no Rio de Janeiro. **Revista Psicologia e Saber Social**, [S.l.], p. 67-86, 2017. Disponível em: https://www.e-publicacoes.uerj.br/index.php/psi-sabersocial/article/view/30666/21813. Acesso em: 22 ago. 2021.

Flament, Campos e Wolter e Sá[231]. As autoras destacam que "diversas pesquisas mostram que o que se pensa depende do que se faz, ou o que se vem pensar depende do que se fez ou se foi levado a fazer"[232]. E fazem referência a Rouquette[233]: "aquilo que fazemos em dado momento, depende daquilo que pensamos então, ou daquilo que pensamos anteriormente".

A possibilidade de relacionar as representações sociais com as práticas sociais potencializa a ideia de que a TRS pode contribuir com possibilidades de mudança e, dentro dessa perspectiva, reforça a ideia de que a TRS é importante para o tema da inclusão das pessoas em situação de deficiência mais significativa no ambiente de trabalho e as relações das práticas educativas do consultor de EA. Segundo Moscovici[234], a TRS acolhe a diversidade dos indivíduos, atitudes e fenômenos com todas suas imprevisibilidades, e seu objetivo é descobrir como os indivíduos e grupos podem construir um mundo estável valendo-se de tal diversidade.

Para Spink[235], a diversidade leva-nos ao estudo das representações sociais não apenas como um processamento de informações, mas como práxis. Dentre as diversas funções das representações sociais, a autora destaca a orientação de condutas e das comunicações (função social), proteção e legitimação de identidades sociais (função afetiva) e familiarização com a novidade (função cognitiva). Campos[236], ao definir práticas, refere-se a Abric e Moliner[237] e explica que a noção de prática "teria como referência básica a ação, o agir dos grupos; e a ação comporta, então, necessariamente três componentes, o comportamental, o afetivo e o cognitivo". Para Campos, é isso que permite estudar a ação, também por meio de instrumentos de natureza cognitiva.

---

[231] CAMPOS, P. H. A abordagem estrutural e o estudo das relações entre práticas e representações sociais. *In*: CAMPOS, P. H. F.; LOUREIRO, M. C. da S. (org.). **Representações sociais e práticas educativas**. Goiânia: UCG, 2003. p. 21-36. FLAMENT, C. Pratiques sociales et dynamique des représentations. *In*: MOLINER, P. (org.). **La dynamique des représentations sociales**: pourquoi et comment les représentations se transforment-elles? Grenoble: Presses Universitaires de Grenoble, 2001. p. 43-58; WOLTER, R. P.; SÁ, C. P. As relações entre representações e práticas: o caminho esquecido. **Revista Internacional de Ciencias Sociales y Humanidades**, [*S.l.*], v. 33, v. 1-2, p. 87-105, 2013. Disponível em: https://www.researchgate.net/publication/275889356_As_relacoes_entre_representacoes e práticas o caminho_esquecido. Acesso em: 22 fev. 2020.

[232] LIMA; SANTOS, 2017, p. 68.

[233] ROUQUETTE, M.-L. Representações e práticas sociais: alguns elementos teóricos. *In*: MOREIRA, A. S. P.; OLIVEIRA, D. C. (org.). **Estudos interdisciplinares de representação social**. 2. ed. Goiânia: AB, 2000. p. 39-46. p. 39.

[234] MOSCOVICI, 2010.

[235] SPINK, M. J. P. O estudo empírico da representação social. *In*: SPINK, M. J. (org.). **O conhecimento no cotidiano**: as representações sociais na perspectiva da psicologia social. São Paulo: Brasiliense, 1993.

[236] CAMPOS, 2017, p. 44.

[237] ABRIC, 1994; MOLINER, P. (org.). **La dynamique des représentations sociales**: pourquoi et comment les représentations se transforment-elles? Grenoble: Presses Universitaires de Grenoble, 2001.

Lima e Santos[238] afirmam que não é possível dissociar a representação, o discurso e a prática. As autoras fazem referência aos estudos de Abric[239], que, ao se debruçar sobre a obra de Jodelet[240], constata que a autora observa que "algumas práticas trazem à tona aspectos de representação que não são verbalizados e evidencia que todo estudo de representação social deve considerar os discursos e os atos".

Para Almeida, Souza Santos e Trindade[241], há

> [...] reciprocidade entre representações e práticas sociais, assumindo-se um caráter dialético dessa relação, na qual cada um dos polos constitui uma totalidade invisível, atuando, ambos, como um sistema que gera, justifica e legitima o outro.

Moscovici[242] afirma que a representação é sempre "representação de alguém e, ao mesmo tempo, representação de alguma coisa". Essas representações existem porque estamos em constante interação uns com os outros e é por meio dessas trocas que significados são compartilhados e práticas comuns estabelecidas. Entender como acontece a construção desses significados partilhados pelos consultores de EA vai ajudar a compreender as representações sociais que esses sujeitos têm de EA e como as relacionam às suas práticas educativas.

REPRESENTAÇÕES SOCIAIS, EDUCAÇÃO E EDUCAÇÃO INCLUSIVA

A TRS fundamenta vários trabalhos na área de educação. Ainda no fim dos anos 90, Sá[243] colocava a educação como o quarto objeto mais estudado por meio da TRS. No início dos anos 2000, Franco e Gilly[244] destacaram a importância da representação social para a compreensão dos fenômenos

---

[238] LIMA; SANTOS, 2017, p. 68.

[239] ABRIC, 1994.

[240] JODELET, D. **Folies et représentations sociales**. Paris: Presses Universitaires de France, 1989.

[241] ALMEIDA, A. M.; SOUZA SANTOS, M. F.; TRINDADE, Z. A. (org.). **Teoria das representações sociais**: 50 anos. Brasília: Technopolitik, 2011. p. 262.

[242] MOSCOVICI, 2012, p. 27.

[243] SÁ, 1998.

[244] FRANCO, M. L. P. Representações sociais, ideologia e desenvolvimento para a consciência. **Cadernos de Pesquisa**, [S.l.], v. 34, n. 121, jan./abr. 2004. Disponível em: https://www.scielo.br/j/cp/a/Lng4HFC8fGVLmWx-zDrTWCCs/?format=pdf&lang=pt. Acesso em: 29 ago. 2021; GILLY, M. As representações sociais no campo da educação. *In*: JODELET, D. (org.). **As representações sociais**. Rio de Janeiro: EdUERJ, 2001.

educacionais e análises de aspectos do cotidiano escolar. Campos[245] cita que "no campo da educação a teoria foi acolhida como uma possibilidade de compreender a relação entre pensamento e ação dos grupos, de modo a permitir sua análise e, para além disto, a intervenção". Para Lopes[246],

> [...] a teoria tem sido extremamente útil para revelar as relações entre conhecimentos práticos, desempenho de papéis e de funções na escola, de um lado, e questões ideológicas, políticas, pedagógicas no campo da Educação, de outro.

Dessa forma, é inegável a contribuição das representações sociais para a interpretação, compreensão e intervenção na educação.

Dentro dos estudos da educação inclusiva, a importância da TRS não tem sido diferente. Lidar com inclusão é lidar com o diferente, com o imprevisível e, para muitos, com o estranho, o novo ou o não familiar. Para Sá[247], "uma realidade social, como entende a Teoria das Representações Sociais, é criada apenas quando o novo ou o não familiar vem a ser incorporado aos universos consensuais".

A inclusão está vinculada à deficiência, que é um fenômeno complexo, socialmente construído e compartilhado. Quando não se é capaz de avaliar algo, de descrevê-lo, de classificá-lo, gera-se certa resistência. O primeiro passo para superar essa resistência, em direção à conciliação de um objeto ou pessoa, ocorre quando se é capaz de rotulá-lo, de colocá-lo em uma determinada categoria.

> Rotular alguém como deficiente que irá ser incluído é categorizar, é escolher um dos paradigmas que estão estocados em nossas memórias e estabelecer uma relação positiva (inclusão) ou negativa (exclusão) com ele.[248]

Segundo Omote[249], a deficiência "não é simplesmente uma qualidade presente no organismo ou no comportamento da pessoa considerada deficiente, mas se define pela natureza da relação entre quem está e quem a considera deficiente".

---

[245] CAMPOS, 2012, p. 14.

[246] LOPES, T. J. As Representações sociais e a educação. **Revista do 11. Congresso Nacional de Educação**, [S.l.], p. 25.157-25.168, 2013.Disponível em: https://educere.bruc.com.br/CD2013/pdf/9077_6744.pdf. Acesso em: 25 mar. 2021.

[247] SÁ, 1998, p. 37.

[248] *Ibidem*, p. 44.

[249] OMOTE, S. **Temas em educação especial**. São Carlos: UFSCar, 1990. p. 12.

As relações sociais vão influenciar o pensamento, a prática e a construção de representações sociais. Para Naiff e Naiff[250], "as representações nascem [...] onde quer que exista uma realidade a ser apropriada e partilhada". Diversas pesquisas já demonstraram a relevância das representações sociais para a prática da educação inclusiva. Machado e Albuquerque[251] chamam atenção para a importância dos estudos das representações sociais de professores sobre o tema Inclusão. As autoras ressaltam que essas representações sociais vão influenciar diretamente a educação inclusiva. Lopes[252] observa que os professores de classe regular não estão preparados para inclusão e que estes não têm uma concepção de inclusão. Em seu estudo sobre inclusão de alunos com autismo, Cunha[253] também aponta a importância da TRS ao indicar que "a teoria das representações sociais nos ajuda a compreender o que representa para os professores o seu trabalho e o seu aluno". Este autor parece concordar com Lopes[254] e afirma que, apesar de os professores conversarem sobre inclusão, ainda não conseguem transpor a teoria para prática[255].

Quando analisamos os dados do CAGED, percebemos que grande parte das pessoas em situação de deficiência mais significativa está alocada em funções de baixa remuneração. Ou seja, as pessoas em situação de deficiência mais significativa são colocadas para dentro do ambiente de trabalho, mas majoritariamente em cargos para os quais não é exigido ensino superior. Dessa forma, numa visão superficial, alguns "distraídos" poderiam pensar que existe uma inclusão, mas aparentemente se tem uma exclusão mascarada de inclusão. Campos[256] se refere aos "excluídos do

---

[250] NAIFF, L. A. M.; NAIFF, D. G. M. Educação de jovens e adultos em uma análise psicossocial: representações e práticas sociais. **Psicologia & Sociedade**, [S.l.], 2008. p. 404. Disponível em: https://www.scielo.br/j/psoc/a/XnTp5cv8VTpsfg4PqRpfvdS/?lang=pt. Acesso em: 22 fev. 2020.

[251] MACHADO, L. B.; ALBUQUERQUE, E. R. Inclusão de alunos com deficiência na escola pública: as representações sociais de professores. Revista Diálogo Educacional, [S.l.], v. 12, n. 37, p. 1.085-1.104, 2012. Disponível em: psic.bvsalud.org/scielo.php?script=sci_nlinks&ref=3349712&pid=S1415-711X2. Acesso em: 20 fev. 2021.

[252] LOPES, E. Sala de recursos no processo de inclusão do aluno com deficiência intelectual na percepção dos professores. **Revista Brasileira de Educação Especial**, Marília, v. 18, n. 3, p. 487-506, 2012. Disponível em: https://www.researchgate.net/publication/275564673_Sala_de_recursos_no_processo_de_inclusao_do_aluno_com_deficiencia_intelectual_na_percepcao_dos_professores. Acesso em: 25 mar. 2021.

[253] CUNHA, A. E. **Representações sociais de professores acerca da inclusão escolar**: elementos para uma discussão das práticas de ensino. 2015. Tese (Doutorado em Educação) – Universidade Estácio de Sá, Rio de Janeiro, 2015. p. 62.

[254] LOPES, 2012.

[255] CUNHA, 2015.

[256] CAMPOS, 2017, p. 4.

interior", que são "colocados dentro do sistema, não mais apartados, porém, excluídos das possibilidades de uma melhor posição social".

Campos[257] destaca a naturalização da inclusão e a omissão da discussão da exclusão. Nas palavras do autor, a exclusão tornou-se um "paradigma societário", isto é,

> [...] um conjunto de representações de ordem social, suficientemente concordantes e estabilizadas no tempo, as quais organizam, na perspectiva do conjunto de uma dada sociedade, uma reflexão sobre os fundamentos e os modos de regulação desta mesma sociedade.

A tensão entre exclusão e inclusão tem sido frequente na sociedade. Incluir implica lidar com o diferente, com o deficiente, com o não familiar. Tudo que é novo causa angústia e desafio, que são sentimentos complexos, cujo primeiro instinto é excluir. Não se pode ignorar a dimensão afetivo-emocional que permeia a inclusão no ambiente de trabalho, na qual é criada uma "teoria do senso comum" sobre EA originada da vida cotidiana, no curso das comunicações, compartilhada por um grupo e que orienta a prática dos sujeitos que constituem os grupos.

Por isso, a TRS será de grande auxílio para nossa pesquisa, pois oferece diferentes e ricas perspectivas de estudo, sendo possível estabelecer uma relação direta entre a atividade sociocognitiva com que os consultores de EA constroem suas representações sobre o EA e as práticas educativas que guiam seu fazer. Em linhas gerais, investigar "representações sociais de emprego apoiado por consultores de EA que trabalham incluindo pessoas em situação de deficiência significativa em ambiente de trabalho e as relações com suas práticas educativas" possibilitará conhecer como um grupo de consultores de EA constrói um conjunto de saberes que expressam a identidade de seu grupo social e os esquemas de pensamento socialmente estabelecidos. Segundo Jodelet[258], o campo de produção da representação social é o cotidiano, no contato face a face, no compartilhamento das experiências vividas na relação com o outro e com o mundo em que elas se formam.

A metodologia do EA parece ser um campo muito rico e pouco explorado pela TRS. A proposta central do EA é baseada em vivências e experiências. Os usuários do EA são mediados pelo consultor, qualificados dentro do ambiente de trabalho e expostos integralmente ao convívio com os outros

---

[257] CAMPOS, 2017, p. 4.
[258] JODELET, 2001.

colegas de trabalho. Dentro desse cotidiano, há interação, e, segundo Moscovici[259], é nessa interação que significados são compartilhados e práticas comuns são estabelecidas.

Para Campos[260], os indivíduos têm uma visão de mundo partilhada, e é nessas interações com os outros e em suas relações sociais que se formalizam e formam as representações sociais do grupo. Para entendermos a relevância do estudo das representações sociais de EA por consultores, podemos citar Lepri[261], que observa que "só podemos buscar o valor da inclusão social, fazendo a inclusão".

Parece-nos que esse dia a dia, essa prática educativa do consultor de EA, a convivência, as relações de trabalho e de produtividade formam um campo fértil de produção de representações sociais. Mais uma vez, fica evidente a relevância do estudo da investigação das representações sociais de EA por consultores e as relações com suas práticas educativas.

---

[259] MOSCOVICI, 2010.
[260] CAMPOS, 2012.
[261] LEPRI, 2012, p. 173.

5

PROCEDIMENTOS METODOLÓGICOS

Um grande e ao mesmo tempo fundamental desafio para uma boa pesquisa científica é a escolha da metodologia. O caminho deve ser percorrido de acordo com o problema de estudo e em consonância com os objetivos. Dessa forma, a metodologia deve estar articulada com a TRS. Segundo Jodelet[262]:

> [...] a pesquisa em representações sociais apresenta um caráter ao mesmo tempo fundamental e aplicado e recorre a metodologias variadas: experimentação em laboratório e campo; enquetes por meio de entrevistas, questionários e técnicas de associação de palavras, observação participante, análise documental e de discurso etc.

A pesquisa utilizou as abordagens qualitativa e quantitativa. Autores como Santos Filho e Gamboa[263] defendem que há unidade entre as abordagens quantitativa e qualitativa, principalmente na perspectiva dialética, em que ocorre uma relação de dinâmica entre o mundo e o sujeito na elaboração do conhecimento. Estudos mais atuais que utilizaram a TRS como aporte teórico, vêm demonstrando o valor de usar as duas abordagens.

Esse tipo de pesquisa nos possibilitou meios para investigar representações sociais de EA por consultores atuantes na inclusão de pessoas em situação de deficiência e as relações com suas práticas educativas. Buscamos compreender como o grupo de consultores constrói suas visões, crenças e práticas, uma vez que a ação do homem sempre tem um significado. Alves-Mazzotti e Gewandsznajder[264] afirmam que

> [...] as pessoas agem em função de suas crenças, percepções, sentimentos e valores e que seu comportamento tem sempre um sentido, um significado que não se dá a conhecer de modo imediato, precisando ser desvelado.

---

[262] JODELET, 2001, p. 12.

[263] SANTOS FILHO, J. C.; GAMBOA, S. S. **Pesquisa educacional**: quantidade-qualidade. 6. ed. São Paulo: Cortez, 2007.

[264] ALVES-MAZZOTTI, A. J.; GEWANDSZNAJDER, F. **O método nas ciências naturais e sociais**: pesquisa quantitativa e qualitativa. São Paulo: Pioneira, 2000. p. 131.

Adotando a TRS como referencial teórico-metodológico, optamos por investigar os processos formadores propostos por Serge Moscovici, objetivação e ancoragem, por privilegiarem a circulação e a produção das representações sociais[265]. Na abordagem processual, o enfoque principal é o modo como as representações sociais são construídas, levando em consideração sua elaboração e gênese, por meio de estudos de sua objetivação e ancoragem. A objetivação significa "transplantar ao plano da observação o que era só interferência ou símbolo"[266], a ancoragem tenta dar significado às imagens concebidas de conceitos preexistentes[267]. Sobre a abordagem processual, Sá[268] afirma que ela evidencia os suportes e que são esses suportes pelos quais as representações são veiculadas na vida cotidiana. Para o autor, "esses suportes são basicamente os discursos das pessoas e grupos que mantém tais representações, mas também os seus comportamentos e as práticas sociais nas quais se manifestam"[269].

Após essas definições, passamos à apresentação dos procedimentos metodológicos, que será feita por meio dos subcapítulos dispostos a seguir.

OS SUJEITOS E O CAMPO DA PESQUISA

Realizamos a pesquisa utilizando o banco de e-mails dos consultores associados à Associação Nacional de Emprego Apoiado, por se tratar de uma associação referência na metodologia do EA no Brasil. A ANEA existe desde 2014, é fruto de uma luta iniciada em 1988, quando começaram a ser divulgadas informações do EA no país. Ela é formada por uma rede de profissionais e organizações comprometidos com o EA e com a inclusão de pessoas em situação de deficiência significativa. Em função desse compromisso, a associação realiza eventos, cursos, palestras e apoio de fomento ao EA no Brasil. Há outras associações de EA no Brasil, também muito conceituadas, mas consideramos que, por ser uma referência na metodologia do EA, ter um número cada vez mais crescente de associados e ainda por a pesquisadora ser associada à ANEA, os consultores associados poderiam fornecer informações relevantes para a pesquisa. Portanto, foram sujeitos

---

[265] JODELET, 2001; MOSCOVICI, 2012.
[266] MOSCOVICI, 2012, p. 101.
[267] *Ibidem.*
[268] SÁ, 1998.
[269] *Ibidem*, p. 73.

do estudo consultores de todo o país que atuam na inclusão de pessoas em situação de deficiência significativa em ambiente de trabalho e utilizam a metodologia do EA.

Também entramos em contato com o professor Alexandre Betti. Considerado uma referência na metodologia do EA, ele escreveu o primeiro livro sobre o assunto publicado no país; além de ter vasta experiência, introduziu, junto ao professor Romeu Sassaki, a metodologia no Brasil. Ademais, ele promove um curso de formação continuada a distância para profissionais que utilizam a metodologia do EA e indicou consultores para participarem da pesquisa. A solicitação feita a esse professor se justifica porque seu curso é muito procurado por consultores que queiram se especializar. Tem duração de 18 meses e conteúdo aprofundado sobre EA.

Após contato com o então presidente da ANEA para coletar os e-mails dos consultores por meio dos quais seriam enviadas as cartas-convites para participarem da pesquisa, foi sugerido o uso do grupo do WhatsApp denominado "Associados-2019/2020". Esse grupo conta com 90 integrantes, mas nem todos são consultores de EA; muitos trabalham em Organizações não Governamentais (ONGs) ou empresas que utilizam a metodologia. A seguinte mensagem de WhatsApp ilustra essa afirmativa:

> Oi Ana Paula. Parabéns pelo trabalho. Puxa, infelizmente acho que não preencho critério para responder. Ainda não atuo na área de emprego apoiado, estou estudando para que em breve eu consiga contribuir também.

O convite para participar da pesquisa foi feito por meio de dois vídeos feitos pela pesquisadora, postados no grupo, após aprovação do presidente da associação. O primeiro vídeo teve duração de 1 minuto e 6 segundos, no qual a pesquisadora se apresentava e explicava o objetivo da pesquisa. A seguir destacamos a transcrição do vídeo-convite:

> Olá, meu nome é Ana Paula Pacheco, sou doutoranda, estou fazendo uma tese sobre Emprego Apoiado. O objetivo da minha tese é compreender quais são as representações sociais que o consultor de EA tem sobre emprego apoiado e como essas representações sociais afetam sua prática educativa. Eu vou enviar para vocês dois links para responder, quem puder, é claro, e agradecer o apoio do Oswaldo na presidência e de toda diretoria; quero muito que essa tese possa ajudar um pouco o EA e para isso eu conto com vocês para responder essa pesquisa. Me coloco à disposição para qualquer dúvida,

questionamento, quando a tese terminar me coloco à disposição para a gente conversar um pouco sobre quais foram os resultados e queria agradecer o apoio e vamos colocar aí o EA para caminhar. Muito obrigada.

A ideia inicial da pesquisa era esperar as respostas de dois instrumentos, 1. Inventário de práticas educativas e 2. Questionário de caracterização socioprofissional, que foram feitos mediante Google Forms, devido às dificuldades provocadas pela pandemia da COVID-19 para podermos começar as entrevistas semiestruturadas.

Após enviado o vídeo, verificamos que não tínhamos muitas adesões. Uma pessoa enviou a seguinte mensagem, comunicando que só responderia ao instrumento do inventário de práticas educativas:

> Respondi esse! [apontando o Instrumento 1]. Não faço a empregabilidade ainda do EA. Respondi baseado no meu dia a dia que acompanho com os usuários.

Após duas semanas, o presidente da ANEA entrou em contato com a pesquisadora perguntando como estava a pesquisa, e foi respondido que ainda não contávamos com muitas adesões. Ele gentilmente fez um vídeo de 17 segundos e postou no grupo com a seguinte mensagem:

> Olá pessoal, tudo bem? Passando aqui só para reforçar o convite da Ana Paula, então quem puder responder o questionário da pesquisa, da tese de doutorado dela, que ela está desenvolvendo sobre Emprego Apoiado, com certeza é um tema muito interessante que vai agregar bastante aqui. Um forte abraço para vocês e até mais.

Devido às dificuldades apresentadas, entramos em contato com um membro da diretoria da ANEA e com o professor Alexandre Betti a fim de pedir indicação de consultores para as entrevistas semiestruturadas. Após dadas as indicações, fizemos contato por WhatsApp para marcar as entrevistas.

Após 28 dias do primeiro vídeo-convite enviado ao grupo de WhatsApp "Associados 2019/2020", foi enviado um segundo vídeo-convite, de 1 minuto e 26 segundos, com a seguinte mensagem:

> Bom dia, pessoal, tudo bom? Sou eu, Ana Paula Pacheco, que estou fazendo a pesquisa de doutorado sobre Emprego Apoiado e queria pedir para quem ainda não conseguiu preencher a pesquisa, se pudesse ajudar a gente preenchendo.

> A gente já descobriu bastante coisa legal, como, por exemplo, o perfil do consultor, que eu acho que vai ajudar muito a gente no PL de traçar esse perfil quando for necessário. Também já descobrimos bastante qual é a fase mais difícil do Emprego Apoiado, que também vai ajudar a gente na capacitação. Não vou dizer qual é a que está saindo como a fase mais difícil, que é para não dar "spoiler" e não influenciar vocês..., mas se vocês puderem preencher, vai ajudar bastante para que a gente possa finalizar essa pesquisa. Eu vou mandar o link de novo, e peço para vocês me ajudarem. Eu só estou com 18 e gostaria de chegar pelo menos a 25 ou 26 (sujeitos) para a gente poder formar uma base legal. Tá bom!? Um beijo e boa semana para a gente! Obrigada.

Após esse último vídeo, atingimos um melhor quantitativo de participantes, mas não atingimos o nosso objetivo inicial, que era contar com consultores de todo o país que atuassem na inclusão de pessoas em situação de deficiência significativa, em ambiente de trabalho, utilizando a metodologia do EA.

TÉCNICAS DE COLETA DE DADOS

Diante da complexidade do estudo de representações sociais, a abordagem multimetodológica é especialmente indicada para se aproximar do objeto de representação social[270]. Portanto, para coleta de dados, foram utilizados diferentes instrumentos: Questionário de caracterização socioprofissional (Instrumento 1), respondido por 26 consultores; Inventário de práticas educativas (Instrumento 2), preenchido por 17 consultores associados à ANEA; e Roteiro para entrevistas individuais semiestruturadas (Instrumento 3), as quais foram realizadas com 12 consultores recomendados pela diretoria da ANEA e pelo professor Alexandre Betti, como descrito anteriormente.

As coletas de dados serão descritas a seguir.

QUESTIONÁRIO DE CARACTERIZAÇÃO SOCIOPROFISSIONAL

O primeiro instrumento a ser apresentado aos consultores de EA foi um questionário de caracterização socioprofissional, estruturado, composto por duas partes. A primeira parte é relacionada ao perfil do consultor, com perguntas sobre gênero, idade, cidade, telefone, e-mail e se na família havia

---

[270] ABRIC, 1994.

alguma pessoa que poderia vir a ser usuário da metodologia do EA. Essa última pergunta era pertinente, porque, quando a pesquisadora participou tanto dos cursos promovidos pela ANEA quanto do curso promovido pelo professor Alexandre Betti, notou que alguns dos alunos eram familiares de pessoas em situação de deficiência significativa e suas respostas, portanto, poderiam indicar maior comprometimento com a metodologia.

A segunda parte é relacionada às questões de formação e experiência profissional com a metodologia do EA com perguntas sobre escolaridade, profissão antes de ser consultor, há quanto tempo atua na metodologia EA, se atua em outra área além da metodologia do EA, se atua como autônomo ou para alguma instituição, se já fez algum curso para trabalhar com EA e como avalia sua formação para a prática educativa como consultor de EA. Esses dados foram importantes para traçar um perfil social, de formação e profissional dos sujeitos da pesquisa e foram tabelados para análise.

O questionário foi construído utilizando a ferramenta Google Forms, e submetido a todos os associados da ANEA pelo WhatsApp da associação. O questionário foi respondido por 26 consultores.

INVENTÁRIO DE PRÁTICAS EDUCATIVAS

A proposta de uso de inventários em estudos de representações sociais pode ser encontrada em estudos como os de Flament[271] e de Piermattéo[272], ao fazerem referência a questionários que apresentam aos sujeitos inventários de crenças ou de conhecimentos que devem ser avaliados em termos de acordo ou desacordo.

O inventário de práticas educativas foi inspirado nos inventários constantes nas teses de doutorado de Almeida[273]. A associação entre o presente trabalho e os trabalhos que inspiraram a construção do inventário de práticas educativas está na relação entre representações sociais de um dado objeto e as práticas relacionadas a esse objeto.

O inventário de práticas educativas foi construído com base no quadro teórico da pesquisa, nas três fases do EA (perfil vocacional, desenvolvimento do emprego, e acompanhamento e pós-colocação) e em discussões

---

[271] FLAMENT, 2001.

[272] PIERMATTÉO, A.; GUIMELLI, C. Expression de la zone muette des représentations sociales en situation d'entretien et structure discursive: une étude exploratoire. **Les Cahiers Internationaux de Psychologie Sociale**, Liège, v. 2, n. 94, p. 223-247, 2012.

[273] ALMEIDA, 2000.

do curso de EA ministrado pelo professor Alexandre Betti, com o apoio do professor e dos alunos participantes. Assim como nos nove pontos descritos por Wehman: (1) presunção de empregabilidade; (2) emprego competitivo; (3) controle; (4) salários e benefícios adequados; (5) foco na capacidade e habilidades; (6) importância das relações; (7) poder dos apoios; (8) mudança de sistema; (9) importância da comunidade.

Para o inventário de práticas educativas, foi construída uma escala tipo Likert. Rensis Likert publicou em 1932, pela primeira vez, uma escala de mensuração baseada em modelos anteriores propostos por Max Freyd, em 1923, e G. B. Watson, em 1930. Em sua escala, reduziu o número de pontos de escolha, em que "os respondentes precisavam marcar somente os pontos fixos estipulados na linha, em um sistema de cinco categorias de resposta (pontos) que vão de 'aprovo totalmente' a 'desaprovo totalmente'"[274]. Como propôs Likert, a escala deve conter, necessariamente, cinco pontos e um ponto neutro no meio. Os respondentes indicam seu grau de concordância ou discordância com declarações que se referem à atitude que está sendo medida[275], e a cada item é atribuído um valor que assinala "a direção da atitude dos respondentes em relação a cada afirmação. A pontuação total da atitude de cada respondente é dada pela somatória das pontuações obtidas para cada afirmação"[276]. Vieira e Dalmoro[277] explicam, ainda, que as propriedades básicas de uma escala tipo Likert são confiabilidade, que amplia com o aumento do número de categorias de respostas, validade e sensibilidade.

A escala do inventário de práticas educativas é composta por seis colunas. Na primeira coluna, estão 56 afirmativas, referentes a práticas educativas nas três fases do EA; as cinco colunas seguintes contêm, respectivamente, as opções "Sempre", "Às vezes", "Muito pouco", "Nunca" e "Não sei quantificar", entre as quais o sujeito deve escolher aquela que mais se aplica à sua prática educativa.

O instrumento foi construído utilizando a ferramenta Google Forms, e submetido a todos os associados da ANEA por WhatsApp. O instrumento foi respondido por 17 participantes.

---

[274] VIEIRA, K. M.; DALMORO, M. **Dilemas na construção de escalas tipo Likert**: o número de itens e a disposição influenciam nos resultados? [*S.l.: s.n.*], 2008. p. 3. Disponível em: http://www.anpad.org.br/admin/pdf/EPQ-A1615.pdf. Acesso em: 24 out. 2020.

[275] BACKER, P. **Gestão ambiental**: a administração verde. Rio de Janeiro: Qualitymark, 1995.

[276] BONICI, R. M. C.; ARAÚJO JR., C. F. **Medindo a satisfação dos estudantes em relação a disciplina on-line de Probabilidade e Estatística**. São Paulo: [*s.n.*], abr. 2011. p. 7. Disponível em: http://www.abed.org.br/congresso2011/cd/190.pdf. Acesso em: 15 jan. 2021.

[277] VIEIRA; DALMORO, 2008.

ENTREVISTAS INDIVIDUAIS SEMIESTRUTURADAS

Duarte[278] defende o uso da técnica de entrevistas individuais semies-truturadas em pesquisas que utilizam a TRS porque, além de provocar um discurso mais ou menos livre, permite "mapear práticas, crenças, valores e sistemas classificatórios de universos sociais específicos, mais ou menos bem delimitados, em que os conflitos e contradições não estejam claramente explicitados". Minayo[279] explica que "a entrevista semiestruturada combina perguntas fechadas e abertas, em que o entre-vistado tem a possibilidade de discorrer sobre o tema sem se prender a indagação formulada".

A escolha da entrevista semiestruturada deu-se por entendermos que essa técnica favorece a captação de ideias, opiniões, comunicação, crenças e valores que um determinado grupo tem de determinado objeto, além de ser uma técnica que permite que os sujeitos da pesquisa falem livremente e aportem detalhes importantes, que podem passar desapercebidos, além de propiciar direcionamento para atender aos objetivos da pesquisa.

Inicialmente, foi elaborado um roteiro de entrevista semiestruturada com dez perguntas. Essas perguntas foram criadas para facilitar a sistema-tização da entrevista, mas não foi de forma alguma um modelo fechado. Durante a entrevista, foi possível o desvio do assunto proposto, perguntas formuladas na hora de acordo com as respostas, abandono de perguntas não relevantes, sempre que fosse importante para o aprofundamento das questões e de acordo com os objetivos da pesquisa. Também houve o cuidado para com o excesso de intervenções e interpretações, para não valorizar um tema e desvalorizar outros, podendo influenciar as respostas. Outro ponto também observado foi o cuidado para não repetir perguntas já respondidas pelo entrevistado anteriormente, para não provocar nele a ideia de não ter sido ouvido.

Durante as entrevistas, um participante, ao ser questionado se tinha acréscimo à pesquisa, sugeriu a pergunta: "Na sua opinião qual deve ser o perfil do consultor de EA?" Foi uma sugestão muito importante, sendo incluída no roteiro de entrevistas. Infelizmente, mais da metade das entre-vistas já havia sido feita.

---

[278] DUARTE, C. S. Direito público subjetivo e políticas educacionais. **São Paulo em Perspectiva**, [*S.l.*], v. 18, n. 2, p. 113-118, abr./jun. 2004. p. 215. Disponível em: https://www.scielo.br/pdf/spp/v18n2/a12v18n2.pdf. Acesso em: 15 jan. 2020.

[279] MINAYO, 2007.

Outra sugestão também feita por outro participante e aceita foi na pergunta número 9, em que acrescentamos a relação entre empresa e família.

Os sujeitos inicialmente seriam escolhidos entre aqueles que respondessem aos dois primeiros instrumentos da pesquisa — Questionário de caracterização socioprofissional e inventário de práticas educativas. Contudo, nem todos tiveram disponibilidade, e o processo de resposta dos dois instrumentos foi mais demorado do que o esperado, uma vez que precisamos levar em conta o contexto de pandemia da COVID-19 no país. Dessa maneira, marcamos uma reunião on-line, pela ferramenta Zoom, com um membro da diretoria da ANEA, e outra com o professor Alexandre Betti, para explicar a situação, quando foram sugeridos nomes de possíveis participantes para a entrevista estruturada. Após essas reuniões, iniciamos o contato para convidar para as entrevistas.

É necessário deixar registrado que o EA é uma metodologia nova no Brasil e o número de consultores ainda é pequeno. Portanto, diante das inúmeras dificuldades encontradas, conseguimos que 12 consultores participassem das entrevistas individuais semiestruturadas.

Lembremos que, em relação ao quantitativo de sujeitos, Sá[280] afirma que, de acordo com a TRS, "a representação é manifestada por um certo número de sujeitos e por um número maior seria a mesma". Assim, consideramos que o quantitativo de 12 sujeitos era satisfatório para formar um grupo em estudos de representações sociais.

Devido ao panorama sanitário decorrente da pandemia da COVID-19 e do espalhamento geográfico dos sujeitos participantes, decidiu-se pela utilização da ferramenta de comunicação Zoom.

Todos os participantes foram informados a respeito dos objetivos da pesquisa, procedimentos, riscos, confidencialidade, inconveniências e potenciais benefícios. Foi solicitada permissão para gravar a entrevista, o que propiciou uma análise minuciosa do discurso dos sujeitos.

TÉCNICAS PARA A ANÁLISE DOS DADOS

A análise de dados do questionário de caracterização socioprofissional (Instrumento 1) foi feita por meio de tabulação, utilizando-se a ferramenta Microsoft Excel. O inventário de práticas educativas (Instrumento 2) foi

---

[280] SÁ, 1998, p. 92.

analisado quantitativamente, com uso da escala de Likert, adequada em pesquisas com intenção de quantificar e identificar o sentido e a intensidade da posição dos sujeitos. Segundo Sanches *et al.*[281], a mensuração mediante essa escala é a mais aceita entre os pesquisadores da área.

Para a entrevista semiestruturada, utilizamos a análise de conteúdo proposta por Bardin[282]. O material foi analisado em seu conteúdo, por ser adequado em pesquisas que adotam a TRS como referencial teórico-metodológico. Na análise de conteúdo, o pesquisador pode acessar os dados com maior clareza e objetividade, valendo-se da observação, da investigação e da análise profunda do material emergido durante a pesquisa, entendendo que o homem é um agente social que influencia e é influenciado pela estrutura social, e nesse processo constrói um emaranhado de conceitos e significados partilhados socialmente.

Segundo Bardin[283], a análise de conteúdo é um recurso importante para superar os "achismos" e o subjetivismo na interpretação. E define a análise de conteúdo como

> [...] um conjunto de técnicas de análise das comunicações visando obter, por procedimentos sistemáticos e objetivos de descrição de conteúdo das mensagens, indicadores (quantitativos ou não) que permitam a inferência de conhecimentos relativos às condições de produção/recepção (variáveis inferidas) destas mensagens.[284]

A autora defende que o método supera a incerteza e amplia a leitura, pela descoberta de conteúdos e estruturas cuja compreensão não era possível antes. Bardin[285] explica que, para a análise de conteúdo, deve-se atentar a quatro pontos importantes, que são: a) homogeneidade, para não agrupar conteúdos diferentes; b) exaustividade do material; c) exclusividade, em que um elemento do conteúdo não pode ser classificado aleatoriamente em duas categorias; d) adequação, em que a análise deve ser adaptada ao conteúdo e ao objetivo.

---

[281] SANCHES, C. M.; SORDI, J. O. Análise qualitativa por meio da lógica paraconsciente: método de interpretação e síntese de informação obtida por escalas Likert. *In*: ENCONTRO DE ENSINO E PESQUISA EM ADMINISTRAÇÃO E CONTABILIDADE, João Pessoa, 2011. **Anais** [...]. Disponível em: https://docplayer.com.br/27443315-Analise-qualitativa-por-meio-da-logica-paraconsistente-metodo-de-interpretacao-e-sintese-de--informacao-obtida-por-escalas-likert.html. Acesso em: 11 jan. 2019.

[282] BARDIN, L. **Análise de conteúdo**. São Paulo: Edições 70, 2011.

[283] BARDIN, 2011.

[284] *Ibidem*, p. 37.

[285] *Ibidem*.

Dentro da análise de conteúdo, temos a modalidade de análise temática. Para Bauer e Gaskell[286], o objetivo central da análise temática é buscar sentidos e compreensão, procurando por temas comuns. Minayo[287] propõe que o tema é "uma afirmação a respeito de determinado assunto que comporta um feixe de relações e pode ser gratificantemente representada através de uma palavra, de uma frase, de um resumo".

Nesta pesquisa, conforme propõe Bardin[288], fizemos uma pré-análise do conteúdo, seguida da exploração de material e tratamento dos resultados obtidos e interpretação. Na pré-análise, é permitido repensar o foco do trabalho, levantando a necessidade de rever objetivos e expectativas de resultados. Na exploração do material, os dados são organizados e agrupados em categorias. E, ao fim, são apresentados os resultados com a sua interpretação.

---

[286] BAUER, M. W.; GASKELL, G. **Pesquisa qualitativa com texto, imagem e som**: um manual prático. Petrópolis: Vozes, 2002.

[287] MINAYO, M. C. S. **O desafio do conhecimento**: pesquisa qualitativa em saúde. São Paulo: Hucitec, 2007. p. 315.

[288] BARDIN, 2011.

6

APRESENTAÇÃO E DISCUSSÃO DOS RESULTADOS

Os dados coletados são apresentados e discutidos por meio dos seguintes subcapítulos: (1) "Perfil dos sujeitos participantes", (2) "Análise das entrevistas semiestruturadas" e (3) "Análise das respostas ao instrumento 'inventário de práticas educativas'".

PERFIL DOS SUJEITOS PARTICIPANTES

Os dados dos sujeitos participantes da pesquisa foram importantes para traçar minimamente um perfil social, de formação e profissional dos consultores que estão atuando como consultor de EA. Esses consultores são membros da ANEA, atualmente a mais importante e ativa associação de EA do país.

Num total, 26 sujeitos responderam ao questionário de caracterização socioprofissional. Entre eles, 17 sujeitos responderam ao inventário de práticas educativas, e, desses, 12 sujeitos aceitaram participar da entrevista semiestruturada.

As perguntas do questionário foram divididas em duas partes. Na primeira parte, foram relacionados sexo, idade, local de moradia e se havia alguém da família que é ou poderá ser usuário da metodologia do EA. A segunda parte continha perguntas sobre a formação e a experiência profissional com a metodologia, o grau de escolaridade, a profissão que exercia antes de ser consultor, quanto tempo atuava como consultor, se atuava em outra área, se a forma de atuação era como autônomo ou para alguma instituição ou ambos, se tinha feito algum curso para trabalhar com a metodologia e, em caso afirmativo, em que local havia feito.

Em relação à primeira parte do questionário, os dados levantados mostram que os consultores são majoritariamente do gênero feminino, com 21 pessoas do sexo feminino e 4 do sexo masculino, e 1 se identificou como "outros", conforme ilustra a Figura 4.

Figura 4 – Sexo

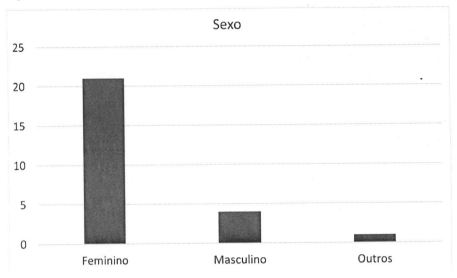

Fonte: dados da pesquisa (2021)

Em relação à idade, a faixa etária mais incidente é a entre 46 e 55 anos. Em seguida, 36 a 45 anos, depois, 26 a 35 anos, 56 a 65 anos; e apenas uma pessoa com até 25 anos. A Figura 5 mostra essa distribuição.

Figura 5 – Idade

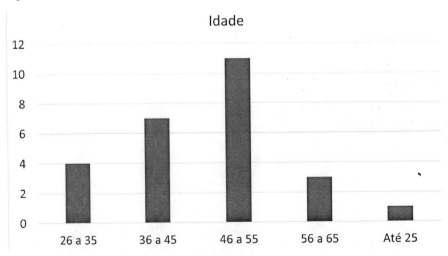

Fonte: dados da pesquisa (2021)

Quanto à localidade de moradia do consultor, verificamos maior incidência na região Sudeste, com cidades nos estados de Minas Gerais, Rio de Janeiro e São Paulo. Na região Nordeste, há um consultor em Salvador. E na região Sul, um consultor na cidade de Serafina Correa, no Rio Grande do Sul. Nenhum consultor da região Norte respondeu à pesquisa, conforme ilustrado na Figura 6.

Figura 6 – Cidade de moradia do consultor

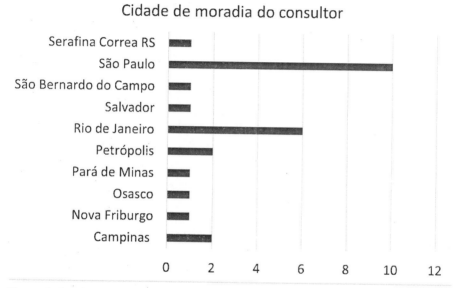

Fonte: dados da pesquisa (2021)

No que concerne a ter na família usuários ou futuros usuários de EA, 16 participantes responderam que não e 10 responderam que sim. Identificamos que há um número significativo de consultores com familiares com usuários ou possíveis usuários, como exposto na Figura 7.

Figura 7 – Usuário da metodologia do EA na família

Fonte: dados da pesquisa (2021)

Na parte do questionário que trata de formação e experiência profissional com a metodologia do EA, dos 26 participantes, 5 têm ensino superior, 13 têm pós-graduação lato sensu e 8 consultores têm pós-graduação stricto sensu (Figura 8). Chama atenção que, apesar de não ser, até o momento, pré-requisito para ser consultor, todos têm ensino superior.

Figura 8 – Escolaridade

Fonte: dados da pesquisa (2021)

Identificamos grande diversidade em relação à profissão antes de ser consultor. As profissões mais apontadas seguindo uma ordem decrescente foram: psicólogos (5 participantes), pedagogos (4 participantes) e professores (3 participantes). Também aparecerem na pesquisa as profissões: assistente social, cabeleireiro, administradora, advogada, estilista de moda, médico veterinário, orientador profissional e superintendente, como mostra a Figura 9.

Figura 9 – Formação profissional

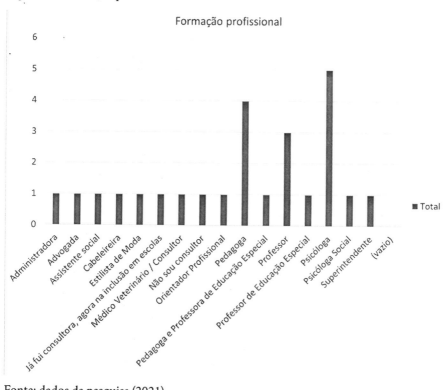

Fonte: dados da pesquisa (2021)

Em relação ao tempo que atua como consultor de EA, a resposta vai de 0 a 18 anos, como mostra a Figura 10.

Figura 10 – Tempo de atuação como consultor de EA

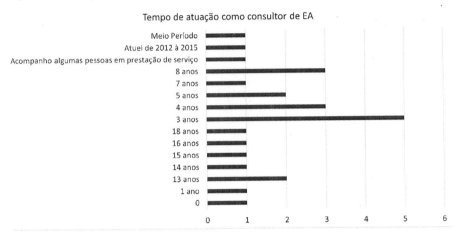

Fonte: dados da pesquisa (2021)

A maior parte dos consultores atua em outra área além de consultor.

Figura 11 – Atuação em outra área

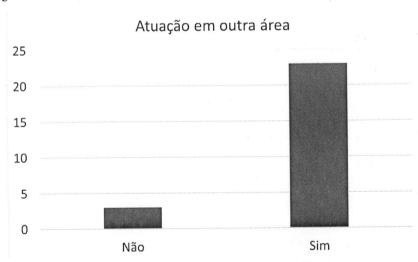

Fonte: dados da pesquisa (2021)

No que diz respeito à forma como atua, sete participantes responderam que são autônomos, dez atuam em alguma instituição e nove atuam em ambos (Figura 12).

Figura 12 – Atuação como consultor

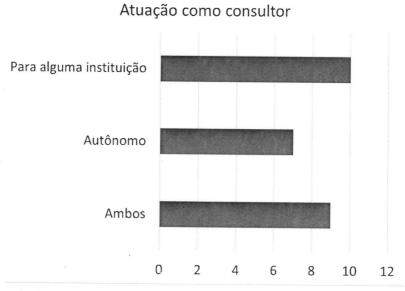

Fonte: dados da pesquisa (2021)

A maioria dos consultores teve formação para trabalhar com a metodologia do EA. Apenas três não fizeram cursos (Figura 13).

Figura 13 – Formação para trabalhar com a metodologia do EA

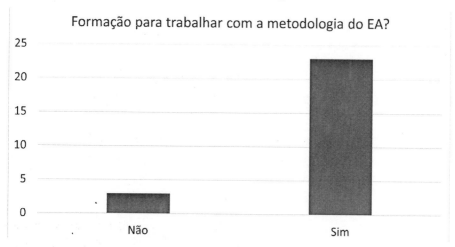

Fonte: dados da pesquisa (2021)

Por último, em relação ao local onde foi feita essa formação pelos participantes da pesquisa, dos 23 participantes que, na pergunta *supra*, responderam que fizeram formação, apenas 18 responderam onde é o local da formação, como mostra a Tabela 1, a seguir.

Tabela 1 – Local de formação do consultor

Local de formação do consultor	Número (N)
ANEA	5
ITS e curso do Prof. Alexandre Betti	1
Support employmented, parceria entre Academia Brasileira de Ciências (ABC/RJ) e ONGs dos EUA	1
ANEA e curso do Prof. Alexandre Betti	2
Commonwealth Wealth University, Ação Social para Igualdade das Diferenças (ASID) e ANEA	1
Curso do Prof. Alexandre Betti	2
ITS	3
APAE e Associação para o Desenvolvimento Integral do Down (ADID)	1
Curso na PUC-SP, parceria com o INICO na Espanha e curso do Prof. Alexandre Betti	1
Universidade de Buenos Aires (UBA), na Argentina	1
Não informaram	5
Total	23

Fonte: dados da pesquisa (2021)

ANÁLISE DAS ENTREVISTAS SEMIESTRUTURADAS

A análise foi realizada tendo como base o conjunto de entrevistas semiestruturadas realizadas com os consultores de EA. Foi feita análise de conteúdo, do tipo temático-categorial, como proposto por Bardin[289]. Iniciamos com uma leitura flutuante, que nos desse pistas de que tipos de categorias emergiam das falas. Com muito critério, ainda nessa leitura flutuante começamos a destacar, por diferentes cores, temas e categorias conforme a análise do discurso dos consultores. Não foi uma análise fácil, tivemos que ir e voltar várias vezes com um trabalho de muita atenção e

---

[289] *Ibidem.*

com uma leitura na perspectiva da TRS, o que nos permitiu localizar especificidades, pontos comuns, visões e integração entre os discursos. Dessa forma, chegamos a três temas, seis categorias e 16 subcategorias, com a identificação dos sujeitos feita de E1 a E12.

A seguir apresentamos a análise por meio de tabelas, cada uma com seu respectivo tema, categorias e subcategorias:

A Tabela 2 apresenta o Tema 1 – Políticas Públicas, e suas duas categorias: (1) **Legislação**, composta por três subcategorias, **Lei Brasileira de Inclusão, Lei de Cotas** e **Aprovação do Projeto de Lei EA**, e (2) **Consolidação do EA** constituída por três subcategorias, **Divulgação do EA, Formação de profissionais** e **Carreira do consultor**. Os relatos destacados são os mais representativos e que expressam o discurso do grupo.

Tabela 2 – Frequência das categorias e subcategorias que compõem o Tema 1 – Políticas Públicas

CATEGORIA	SUBCATEGORIA	RELATOS	SUJEITOS	F
	Lei Brasileira de Inclusão	*"O que está na LBI parece muito teorizado, mas eu vejo na minha prática"* (E3).	E3 E6	2
	Lei de Cotas	*"Eu acredito que esse projeto de lei vai conseguir nos ajudar a ter mais vagas e conseguir uma inclusão não só focada na Lei de Cotas"* (E8).	E1 E2 E4 E8 E11	5
LEGISLAÇÃO	Aprovação do Projeto de Lei EA	*"Eu sinto muita falta de uma legislação, porque eu acho que vai ajudar a entender a metodologia e vamos conseguir de forma mais completa do início ao fim do processo"* (E2). *"Quando você legaliza, você está dizendo que é correto, um caminho a ser tomado"* (E1).	E1 E2 E3 E4 E6 E7 E8 E10 E11	9

CATEGORIA	SUBCATEGORIA	RELATOS	SUJEITOS	F
CONSOLIDA-ÇÃO DO EA	Divulgação do EA	*"Com a divulgação, as empresas e famílias vão ver e vão falar, eu quero para mim o EA porque é isso que o mundo está fazendo"* (E4). *"O avanço da política pública no Brasil tende a disseminar a metodologia"* (E7).	E1 E2 E3 E4 E5 E7 E8 E9 E10	9
	Formação de profissionais	*"Acho que a política pública deveria pensar mais em forma-ção do consultor"* (E3).	E2 E3 E6 E7 E8 E12	6
	Carreira do consultor	*"Nenhuma empresa que vai fazer uma auditoria não chama outra pessoa, a* não ser um auditor, e com o consultor *precisa ser a mesma coisa, vou chamar para fazer o EA um consultor"* (E8).	E1 E2 E5 E7 E8 E9 E10 E11 E12	9

Fonte: dados da pesquisa (2021)

Na categoria **Legislação**, chama atenção o pouco destaque dado pelos participantes à **Lei Brasileira de Inclusão,** que nomeia uma sub-categoria, mesmo sendo uma lei importante e que respalda o EA em seus Arts. 37 e 38, como aponta Gugel[290]: "a LBI traça diretrizes para serem regulamentadas para uniformizar formas e procedimentos a serem segui-dos pelos interlocutores de apoio". Já Santos[291] destaca a importância da

---

[290] GUGEL, M. A. (org.). **Diálogos aprofundados sobre os direitos das pessoas com deficiência**: a pessoa com deficiência refletida nas normas, nas internacionais, nas leis e de como a sociedade evolui. [*S.l.*]: Instituto do Direito do Trabalho, 2019. p. 32.

[291] SANTOS, 2003.

LBI em relação ao direito do trabalhador com deficiência, ressaltando que, para que esse direito seja efetivado, faz-se necessária a adoção de políticas públicas viáveis.

Apenas os participantes E3 e E6 citaram a LBI durante a entrevista. Segundo este consultor:

> Você já tem aí os termos da LBI, que já é um avanço e já dá para trabalhar com ela, em termos de EA, mas ainda é tímido. Precisa de uma legislação mais específica, né? Com arcabouço mais amplo. Isso vai facilitar políticas públicas mais robustas. Eu acho que só o que a gente tem na LBI é insuficiente, né? (E6).

E6, além de utilizar a LBI para falar do conceito de apoio, cita a Convenção dos Direitos Humanos e alerta sobre a importância de respaldar a metodologia como uma prática mundial. Essa fala parece retratar o que também assinala Gugel[292], para quem a única concepção possível sobre a PcD é a Convenção sobre os Direitos das Pessoas com Deficiência, pois, com o reconhecimento de que existe diversidade de deficiências entre as pessoas e de que é preciso proteger e promover os direitos delas, reconhece-se também o direito dos apoios às PcDs.

Para Gugel[293], a CDPD cria um modelo que reconhece a deficiência como o resultado da interação da PcD com as barreiras ambientais e atitudinais que impedem sua participação na sociedade, em igualdade de oportunidades com as demais pessoas (Preâmbulo, alínea E).

Outro ponto de relevo na categoria **Legislação** é a **Lei de Cotas**, que nomeia uma subcategoria. Para este participante: *"Atualmente, as vagas aparecem mais pela Lei de Cotas"* (E8).

Essa mesma impressão aparece na fala deste outro consultor: *"Parece que estão fazendo um favor, cumprir a Lei de Cotas ainda é muito favor"* (E1).

Nesse sentido, Redig[294] chama atenção para a

> [...] obrigatoriedade da empregabilidade, ou seja, a "contratação pela contratação". Isso significa a efetivação de pessoas com deficiência em postos de trabalho apenas para o cumprimento da Lei de Cotas.

---

[292] GUGEL, 2019.

[293] *Ibidem.*

[294] REDIG, 2016, p. 60.

Além disso, a pressão exercida pelas empresas sobre o consultor para cumprir a Lei de Cotas tem interferido nas fases do EA, como evidenciado nos relatos dos participantes E2 e E4. Segundo E2: "*Ocorre uma grande dificuldade de cumprir as três fases. De todos os usuários que peguei, apenas 20% foram às três fases. E por quê? Por pressão das empresas em cumprir a Lei de Cotas*".

A mesma observação é vista na fala de E4: "*Dá medo de perder a vaga, e às vezes não consigo customizar na hora, aí vou aos poucos, e, muitas vezes, não consegui fazer a análise da função detalhada para pensar na rotina*".

Esse é um dado importante levantado nesta pesquisa, pois, aparentemente, a obrigatoriedade da Lei de Cotas tem interferido na customização, na produtividade e no uso da metodologia do EA. Para Aldersey[295], o sistema da Lei de Cotas, por estar baseado na obrigação de contratar, parece não acreditar na capacidade da pessoa em situação de deficiência significativa de competir no mercado de trabalho. Para Aldersey, "o caminho a ser seguido, provavelmente, deve ser o de garantir a equidade e não negar a experiência pessoal do sujeito com deficiência". Betti[296], por sua vez, destaca um aspecto relevante na vida profissional do consultor em relação à Lei de Cotas, apontando que "a Lei de Cotas não deve tornar os consultores preguiçosos fazendo com que deixem de lado a principal fonte empregadora do Brasil: a pequena e média empresa"[297].

O participante E10 trouxe uma visão muito importante do início da Lei de Cotas, como mostra sua fala:

> *Bem lá no início, tínhamos onde trabalhava as oficinas protegidas, que julgávamos estar preparando eles [sic] para o mercado de trabalho; aconteceram movimentos e começamos a ser provocados pela sociedade, né? Foi quando o Fernando Henrique [presidente] assinou lá o decreto da Lei de Cotas. E aí começamos a repensar algumas coisas, as empresas começaram também a se preocupar, porque era obrigado, mas não tinha a multa, né? E aí começamos a buscar sobre algum método que ajudasse a fazer a inclusão dessas pessoas, porque a gente sabia que nas oficinas as pessoas ficavam muito tempo, cinco, dez, às vezes quinze anos se profissionalizando numa oficina e a gente sabia que era uma questão mais terapêutica do que profissionalizante.*

---

[295] ALDERSEY, 2012 *apud* REDIG, 2016.

[296] BETTI, 2011.

[297] *Ibidem*, p. 58.

Sobre essa questão, Betti[298] assinala que as oficinas protegidas não dão conta de preparar seus atendidos para o mercado de trabalho e que somente aqueles que

> [...] precisam de pouco ou nenhum apoio são encaminhados com sucesso para o mercado competitivo. A maioria dos aprendizes chega a ficar mais de 10 anos na instituição e nunca são julgados preparados.

Outro ponto evidente se encontra na subcategoria Projeto de Lei que regulamenta o EA. A necessidade de sua aprovação é relatada por E1: *"Ajudar na questão de ratificar que o EA é lei, é muito importante, faz parte do processo".*

O participante E2 considera que a legitimação do EA é importante para assegurar a presença do consultor na empresa: *"A partir do momento que o EA é legitimado, você não tem mais que justificar sua presença ali na empresa".* A mesma participante ainda fala que: *"A lei sobre o EA vai ajudar a entender o porquê do acompanhamento, e existem outras coisas envolvidas, como, por exemplo, acidente de trabalho. Se o consultor estiver dentro da empresa e acontece um acidente de trabalho?"*

Segundo os participantes E7 e E9, a aprovação do projeto de lei é importante para criar condições para que todos os usuários tenham acesso ao EA, e não apenas uma parte, como acontece nos dias de hoje. Como, por exemplo, a fala do participante E7: *"Ao legitimar, você cria condições para que as pessoas conheçam e consigam ter acesso".*

O participante E4 também destaca esse ponto, ao afirmar que: *"Muita gente que hoje não tem acesso à metodologia está à margem da inclusão no mercado de trabalho".*

Gugel[299], em seu texto sobre o direito ao trabalho das PcD, chama atenção sobre a importância de se criarem leis que garantam e oportunizem o trabalho: para a autora, urge a necessidade de medidas apropriadas e legislação específica. Apesar de não escrever diretamente sobre o EA, Gugel diz que essas medidas protegem o direito dos trabalhadores PcD e promovem a oportunidade de igualdade.

Os participantes E4, E9 e E10 mencionam que, com a aprovação do projeto de lei, criar-se-á uma política orçamentária para mais programas de EA. A fala desses sujeitos destaca o fim de uma era assistencialista e uma visão de lucro, como, por exemplo:

---

[298] *Ibidem*, p. 107.
[299] GUGEL, 2019.

> *Mais gente seria atendida pela metodologia, mais gente seria incluída, né? Então, pensando até nos dados da pessoa com deficiência no Brasil, né? Quase um quarto da população com algum tipo de deficiência, pensando só nesse público, né? Olha o tanto que a economia gira! Mais gente consumindo, mais gente pagando impostos. (E4).*

Essas falas ganham força na visão de Manfredini e Barbosa[300], que afirmam que, "com a crescente visibilidade da pessoa com deficiência na mídia e os esforços para inserção no mercado de trabalho, algumas empresas de vários segmentos já detectaram a potencialidade destes consumidores".

Para os três participantes que levantaram a questão de política orçamentária, perguntamos como seria a fiscalização desse orçamento. Eles foram unânimes em responder que precisaria ser acompanhado por um órgão regulamentador que verificasse se realmente estavam sendo cumpridas as fases e os valores do EA:

> *[...] a gente vai ter que ter um órgão que garanta que aquela pessoa que está falando que faz EA, realmente faz, porque o EA é isso e não é outra coisa, né? Ele é muito claro nas etapas, nas formas, então é uma metodologia. (E9).*

Gugel[301] parece ser favorável à meritocracia do tempo de atuação e afirma que:

> *[...] 15 anos após o Decreto n. 3.298/99 que regulamentava as oficinas protegidas, deve-se abandonar antigas práticas e avançar para o EA, no qual todas as instituições com experiência possam atuar, com a definição do tempo de duração do apoio, a frequência, o ambiente, o recurso a ser empregado, segundo a realidade e necessidade de cada pessoa com deficiência.*

Segundo E10, o projeto lei é uma luta antiga:

> *A gente já está tentando a lei, na verdade, assim, quando iniciamos a REA [Rede de Emprego Apoiado] em 2007, 2008, e a gente tinha uma parceria muito próxima com o pessoal da Secretaria da Pessoa com Deficiência do município de São Paulo, o Alexandre chegou a escrever uma minuta, mas acabou não vingando, o vereador não deu continuidade. (E10).*

---

[300] MANFREDINI, A. M.; BARBOSA, M. A. Diferença e igualdade: o consumidor com Deficiência. **R. Dir. Gar. Fund.**, Vitória, v. 17, n. 1, p. 91-110, jan./jun. 2016. p. 100. Disponível em: file:///C:/Users/anapa/Downloads/Dialnet-DiferencaEIgualdade-5662356.pdf. Acesso em: 31 jul. 2021.

[301] GUGEL, 2019, p. 33.

Betti[302], ao discorrer sobre EA, aponta que falta legislação, financiamento, apoio público e privado para consolidar o EA.

No que se refere à categoria **Consolidação do EA**, notamos a constante menção à **Formação de profissionais**, uma de suas subcategorias, conforme citado por E6, E7 e E3:

> Outra coisa importante nas políticas públicas é a questão da formação de profissionais. Você precisa formar as pessoas de alguma forma, seja direta ou indiretamente, mas o que a gente precisa hoje é de mão de obra especializada. Lá para o Norte, para o Nordeste, tem que ter formação, tem que disseminar, você tem que criar avatazes [sic]. (E6).

> Tem que existir a visibilidade do profissional do EA e a formação para alcançar um número maior de pessoas. (E7).

> Não é só dizer que é um consultor, tem que ter formação, tem que respeitar os valores do EA e gerar resultados a partir desses valores. (E3).

A subcategoria **Formação de profissionais** também parece ser preocupação de autores de referência para a temática EA. Figueiredo, Righini e Barbosa Júnior[303] sinalizam que, para a formação de consultores no Brasil, durante muitos anos contou-se com a perseverança de Romeu Sassaki e Alexandre Betti, que trouxeram conteúdos de outros países e ainda hoje colaboram para a formação de consultores.

Da análise das falas, nota-se também o registro do desconhecimento acerca do EA e, consequentemente, da **Carreira do consultor de EA**, outra subcategoria, conforme pode ser visto nas seguintes declarações:

> É importante o consultor ser reconhecido, *porque parece que estou ali pedindo um favor, vai pagar a multa, se não cumprir a Lei de Cotas. Eu sou alguém que promovo a acessibilidade, não sou um favor, eu promovo o EA.* (E2).

> É muito difícil que alguém já saiba o que é emprego apoiado e o papel do consultor na metodologia. (E9).

Considerando-se a subcategoria **Carreira de consultor**, temos ainda a fala de E7: *"Eu trabalho numa ONG e estou montando um projeto junto com outra ONG, e aí não tem como você montar e fazer um projeto de emprego apoiado sem essa figura do consultor"*.

---

[302] BETTI, 2011.

[303] FIGUEIREDO, A. C. M.; RIGHINI J. B.; BARBOSA JÚNIOR, A. Diálogos aprofundados sobre os direitos das pessoas com deficiência: *In:* GUGEL, M. A. (org.). **Emprego apoiado**: um método que promove a inclusão de pessoas com deficiência no mundo do trabalho. [*S.l.*]: Instituto do Direito do Trabalho, 2019.

Na literatura sobre o EA, também é indicada importância da carreira do consultor, conforme Figueiredo, Righini e Barbosa Júnior[304]:

> [...] esse profissional tem um papel ativo, uma vez que conduz todas as etapas do processo de inclusão do usuário do método no mercado de trabalho e promove a articulação entre todos os atores envolvidos no processo de inclusão.

Redig[305] também sinaliza a importância do consultor, que chama de *job coach*: para a "realização desse processo, é importante, também, que, pelo menos, no início haja suporte e acompanhamento de uma pessoa qualificada (*job coach/ instrutor laboral*) para capacitá-lo e auxiliá-lo no desenvolvimento da atividade".

Segundo Spjelkavik[306], 56% dos usuários que são acompanhados por consultores de EA estão empregados, enquanto apenas 9% dos que não contam com consultores de EA estão empregados. Essa estatística demonstra a importância do acompanhamento do consultor no processo de empregabilidade e a relevância de suas competências e habilidades para criar condições adequadas, como apoio, customização, estratégias e acompanhamento para o sucesso da inclusão laboral.

A seguir, a Tabela *3* apresenta duas categorias referentes ao Tema 2 – Inclusão em Ambiente de Trabalho e suas subcategorias. A primeira categoria, **Valores do EA**, é constituída pelas subcategorias **Apoio, Planejamento centrado na pessoa** e **Emprego competitivo**. A segunda, **Dificuldades das fases do EA**, contém as seguintes subcategorias: **Perfil vocacional, Desenvolvimento do emprego** e **Pós-colocação**.

---

[304] *Ibidem*, p. 298.

[305] REDIG, 2016, p. 87.

[306] SPJELKAVIK, 2012 *apud* RIGHINI *et al.*, 2019.

Tabela 3 – Frequência das categorias e subcategorias que compõem o Tema 2 – Inclusão em ambiente de trabalho

CATEGORIAS	SUBCATEGORIAS	RELATOS	SUJEITOS	F
VALORES DO EA	Apoio	"É importante a produtividade, e com os apoios você consegue alcançar os objetivos" (E1).	E1 E3 E4 E5 E6 E7 E8 E10	8
	Planejamento centrado na pessoa	"Os valores do EA são o que diferenciam o EA de qualquer outra metodologia, porque é uma construção da pessoa" (E3).	E2 E3 E4 E6 E7 E8 E9 E11 E12	9
	Emprego competitivo	"EA é autonomia no mundo de trabalho competitivo" (E2).	E2 E3 E4 E6 E8 E12	6
DIFICULDADES DAS FASES DO EA	Perfil vocacional	"O perfil para mim é muito difícil, porque eles não têm identidade. Há uma interferência familiar para dizer o que é bom para ele. Ele [usuário] não faz nada, não tem autonomia" (E1).	E1 E3 E6 E8 E9 E12	6

CATEGORIAS	SUBCATEGORIAS	RELATOS	SUJEITOS	F
DIFICUL-DADES DAS FASES DO EA	Desenvolvimento do emprego	*"A fase dois é a mais difícil, porque precisa desenvolver um emprego que seja compatível com a pessoa. Depois que entra a empresa e ela começa a ver a produtividade, aí vai"* (E4).	E2 E3 E5 E8 E9 E12	6
	Pós-colocação	*"A fase três é a mais desafia-dora, porque traz novos agentes para o processo"* (E2).	E2 E6 E8 E11	4

Fonte: dados da pesquisa (2021)

Considerando-se a categoria **Valores do EA**, destaca-se a fala que segue: *"Eu acho os valores do EA muito importantes e acho que são esses valores que diferenciam o EA de qualquer outra metodologia"* (E3).

Segundo Figueiredo, Righini e Barbosa Júnior[307],

> [...] o método do Emprego Apoiado é sustentado e orientado por valores e princípios que visam garantir a coerência das estratégias utilizadas para que a pessoa com deficiência seja incluída em função competitiva na empresa.

Para Betti[308], os valores do EA são inegociáveis; são estes que auxiliam no processo de inclusão e estão pautados no modelo social de deficiência. Ainda, "o modelo social diz que a incapacidade é resultado da interação entre a condição da pessoa e o ambiente e não algo que a pessoa tem"[309]. Da fala de E4 também identificamos a preocupação com o modelo social pautando a metodologia: *"O EA é uma forma da gente fazer essa inclusão, baseado no modelo social, respeitando a individualidade de cada um"*.

Segundo Palacios e Romanach[310], o modelo social baseia-nos nos princípios da vida independente, da não discriminação, da acessibilidade universal, e sua função primordial é promover a igualdade, a dignidade, a

---

[307] FIGUEIREDO; RIGHINI; BARBOSA JÚNIOR, 2019, p. 295.

[308] BETTI, 2011.

[309] *Ibidem*, p. 31.

[310] PALACIOS, A.; ROMAÑACH, J. **El modelo de la diversidad**: la bioética y los derechos humanos como herramientas para alcanzar la plena dignidad en la diversidad funcional. Madrid: Diversitas, 2007 *apud* FIGUEI-REDO; RIGHINI; BARBOSA JÚNIOR, 2019.

autonomia e a inclusão social. Conforme o modelo social, os impedimentos existentes acontecem, em grande parte, em função do meio social, e, dentro desse contexto, é preciso garantir acessibilidade e adaptações necessárias para o pleno exercício da cidadania. Para Figueiredo, Righini e Barbosa Júnior[311], a exclusão que vem acontecendo, durante tanto tempo, em relação às pessoas com deficiência significativa só é possível de ser superada se for compreendido o modelo social de deficiência.

A seguir, a fala de E10 ilustra quão limitante era o modelo biomédico de deficiência e como influenciava a inclusão laboral:

> *Antigamente, quando a gente ainda estava no modelo médico, isso lá para o ano de 2000, a empresa acionava e a gente designava um profissional e mandava para resolver o problema, e aí a gente caía em cima do menino [funcionário], você tem que fazer isso, tem que fazer aquilo, era só não, não, não, e a gente não via o ambiente, não mexia no ambiente. (E10).*

Segundo Figueiredo, Righini e Barbosa Júnior[312],

> [...] um dos desafios das organizações que atendem pessoas com deficiência, das pessoas que elaboram e executam políticas públicas, dos familiares, dos gestores das empresas e dos colaboradores é compreender que limitações e dificuldades das pessoas com deficiência guardam relação direta com o ambiente no qual vivem ou desempenham suas atividades, cabendo, pois, à sociedade a incumbência de universalizar as oportunidades de inclusão.

Ainda na categoria **Valores do EA**, a subcategoria **Apoio** aparece tanto na fala de E2 quanto na de E12:

> *A metodologia dá o apoio para entrar dentro [sic] do emprego competitivo. (E2).*

> *Sem os apoios naturais, não se faz emprego apoiado; esse é um dos valores mais importantes da metodologia, porque propicia ao usuário estar dentro do emprego competitivo e com produtividade. (E12).*

De acordo com Betti[313], o apoio é importante no EA, porque "se traduz em recursos e estratégias que aumentam a independência e a interdependência das pessoas e a integração e a satisfação na vida comunitária".

---

[311] FIGUEIREDO; RIGHINI; BARBOSA JÚNIOR, 2019.

[312] *Ibidem*, p. 295.

[313] BETTI, 2011, p. 72.

Na subcategoria **Planejamento centrado na pessoa**, para o participante E6,

> [...] um ponto fundamental é a questão do planejamento centrado na pessoa, ou seja, a partir da pessoa em direção ao emprego, ao trabalho; para mim também é uma definição muito importante do emprego apoiado, partir dos interesses, né? Partir também dos desejos, dos apoios de que cada uma precisa e a partir daí você customizar uma vaga e incluir.

Aparentemente, para os sujeitos participantes, a customização é uma etapa muito importante para o sucesso da inclusão em ambiente de trabalho e aparece tanto na Fase 1 como na Fase 2 do EA. Segundo Redig[314], "customizar atividades laborais é uma ação complexa que envolve uma rede de participantes e etapas". A autora afirma que a customização é um caminho para a inserção laboral e que não se baseia apenas na escolaridade, mas que enfatiza PcD.

Ainda sobre a customização que aparece com mais força na Fase 2 do EA, o participante E3 afirma:

> Você precisa analisar a cultura da empresa, se ela é acessível, se não é, como vai ser a política de entrada da pessoa, mapear a função, quais as experiências que tiveram que não deram certo, customizar.

Para o participante E9, a customização também aparece como desafio: "*Temos alguns desafios, como customizar a vaga*".

Apesar de aparecer como um desafio, o que pudemos notar é que os participantes parecem perceber que customizar a vaga contribui para mostrar as capacidades e habilidades do usuário, uma vez que a customização é decisiva para a produtividade e é benéfica tanto para a empresa como para o trabalhador. Identificamos essa contribuição na fala do E3: "*O difícil é furar a bolha, entrar na empresa. Depois que conseguimos e mostramos como todos ganham, as portas se abrem*".

Nesse sentido, Redig[315] explica que:

> [...] a customização do emprego contribui para a eliminação de barreiras atitudinais e dos preconceitos existentes, visto que haverá oportunidade de mostrar sua capacidade, a partir da sua produção laboral.

---

[314] REDIG, 2016, p. 89.

[315] *Ibidem*, p. 206.

A autora também aponta que tanto a empresa quanto o funcionário sairão beneficiados nesse processo.

Betti[316] também se refere à customização como essencial no EA, pois é a maneira que o consultor tem de "desenhar uma vaga que atenda às necessidades de apoio, aos pontos fortes e à vontade da pessoa com incapacidade mais significativa assim como atender às necessidades do empregador".

Apesar de ter como finalidade principal a inclusão laboral, aparentemente o EA traz, em seu bojo, a promoção da qualidade de vida do usuário, como podemos constatar nas seguintes falas:

> *Um grande diferencial da metodologia é que proporciona não só empregar aquela pessoa, mas sim que você consiga acompanhar, mediar e criar um plano de vida para ela.* (E7).

> *O EA promove a autonomia das pessoas que utilizam a metodologia, e o bacana é que você consegue acompanhar a evolução em diferentes pontos, como a forma de andar com a cabeça levantada, a compra de um celular que era um desejo distante, idas ao médico e melhora da saúde por ter um plano de saúde.* (E12).

Essas falas corroboram o que já foi registrado por Barbosa Júnior[317], que acentuou a importância da metodologia para gerar resultados na qualidade de vida dos usuários do EA. Verdugo Alonso et al.[318] também registram o EA como um método que contribui para aumentar a qualidade de vida das pessoas com deficiência mais significativa, pois é uma metodologia efetiva que logra resultados positivos, duradouros e eficazes.

Na subcategoria **Emprego competitivo**, as seguintes falas revelam o posicionamento dos participantes a esse respeito:

> *Antigamente só tínhamos as oficinas protegidas, era muito raro você ver uma pessoa com deficiência intelectual numa empresa.* (E12).

> *Até hoje, quando alguém vê uma pessoa com DI incluindo num emprego, as pessoas se surpreendem.* (E8).

> *O emprego apoiado dá a possibilidade de incluir no emprego competitivo.* (E6).

---

[316] BETTI, 2011, p. 66.

[317] BARBOSA JÚNIOR, 2018.

[318] VERDUGO ALONSO, M. Á. *et al.* **Impacto social del programa ECA Caja Madrid de empleo con apoyo.** Salamanca: Instituto Universitario de Integración en la Comunidad, 2010. Disponível em: https://consaludmental.org/centro-documentacion/impacto-social-programa-empleo-apoyo/. Acesso em: 22 fev. 2021.

Considerando-se a categoria **Dificuldades das fases**, a dificuldade de cumprir as suas três fases aparece em algumas falas que compõem a subcategoria **Desenvolvimento do emprego**, como na do sujeito E1: *"Na verdade, dificilmente você consegue cumprir as três fases".*

A dificuldade de cumprir as fases aparentemente não é pontual apenas em uma das fases, como identificamos na fala que se segue: *"Eu nunca peguei um usuário onde eu fizesse uma super descoberta do perfil"* (E9).

Quanto à descoberta do **Perfil vocacional**, uma das subcategorias, Betti[319] acredita que é necessário um olhar individualizado e focado na realidade de cada usuário. A fala do E12 informa que:

> *A fase dois é muito difícil para mim, é como se eu tivesse que vender o produto* Emprego Apoiado *e tenho certa dificuldade em falar com o RH, principalmente quando começam a usar termos técnicos como "turnover", "budget", isso me deixa desconfortável.*

Quanto à subcategoria **Pós-colocação**, os participantes a ela se referem como uma dificuldade que precisa ser contornada:

> A pós-colocação é um desafio, *porque não se valoriza o acompanhamento, e a empresa vai deixando, e quando vê é uma bola de neve, e só quando vai explodir é que chamam a gente.* (E8).

> *A pós-colocação é difícil porque a empresa vê a gente como fiscal.* (E2).

Segundo Betti[320], a pós-colocação é uma fase importante para o sucesso da metodologia, pois é nesse momento que o consultor faz os ajustes necessários e avalia se as estratégias e os apoios estão dando resultados na inclusão.

Em relação ao Tema 3, temos a Tabela 4, que apresenta duas categorias: **Utiliza o EA** e **Não utiliza o EA**, referentes ao Tema 3 – Conflito na Utilização do EA, decompostas respectivamente nas subcategorias **Crença na metodologia** e **Qualificação** para a primeira, e **Dificuldades nas empresas** e **Diz que faz, mas não faz** para a segunda.

---

[319] BETTI, 2011.
[320] *Ibidem.*

Tabela 4 – Frequência das categorias e subcategorias que compõem o Tema 3 – Conflito na Utilização do EA

CATEGORIA	SUBCATEGORIA	RELATOS	SUJEITOS	F
UTILIZA O EA	Crença na metodologia	*"As fases são superimportantes para a metodologia do EA"* (E3);	E2 E3 E4 E6 E7 E11 E12	7
	Qualificação	*"Antes eu fazia inclusão no mercado de trabalho, mas sentia falta de uma qualificação, eu sou psicóloga e ia mais por esse lado"* (E8). *"O EA não é caridade. O mais importante é ter uma formação, saber o que está fazendo. Não é ter um lugar, levar a pessoa e achar que está fazendo EA"* (E1).	E1 E4 E5 E8	4
NÃO UTILIZA O EA	Dificuldades nas empresas	*"As empresas não acreditam no acompanhamento e quando a 'bomba' estoura é que procuram o consultor"* (E8).	E1 E2 E4 E7 E8 E9 E11 E12	8
	Diz que faz, mas não faz	*"Eu consegui mostrar para o RH que não era inclusão o que estavam fazendo, e sim integração"* (E2).	E2 E7 E8 E10 E12	5

Fonte: dados da pesquisa (2021)

Na subcategoria **Crença na metodologia**, as seguintes falas são relevantes, indicando metáforas para explicar o EA:

> *Quando eu descobri a metodologia, foi como uma janela tivesse se aberto para mim. É a segurança de que vai ser planejado e a*

> *efetividade de dar certo, por isso é mais eficiente. [...] Eu já fazia inclusão laboral, mas o EA foi um divisor de águas para mim! (E12).*

> *Existe toda uma metodologia por trás, com estudos, não é achismo. (E8).*

> *É uma metodologia. Você tem uma lógica e por isso é mais eficiente. (E6).*

Segundo Betti[321], "o fato de ser uma metodologia e ter as fases bem definidas é o que diferencia o EA das outras formas de se incluir no mercado de trabalho".

Na subcategoria **Qualificação**, pode ser citada a fala de E5, que mostra metáfora de EA:

> *Eu trabalhava numa instituição que antes não fazia EA, e o que acontecia era três meses do usuário empregado e depois demissão. Daí tivemos uma reestruturação e começamos a falar sobre a possibilidade de a gente tentar incluir essa metodologia, como método mesmo de trabalho na instituição, mas para isso a gente precisaria de uma qualificação, né? Aí escrevemos um projeto, que foi aprovado, e aí a gente conseguiu fazer a nossa formação em EA com o Alexandre Betti e depois mais um processo de supervisão com ele, e eu falo que isso eu não encontraria em nenhuma faculdade. Foi um divisor de águas; você não utiliza o EA, se não tem uma qualificação para isso.*

E de acordo com a fala de E8:

> *Eu sentia muita falta porque, apesar de ser psicóloga, não tinha formação em EA, e por isso procurei a ANEA para fazer o curso introdutório e depois o curso de consultor e realmente, foi quando comecei a utilizar o EA de fato.*

Segundo Barboza[322], "existe uma necessidade de criação de cursos de formação de profissionais que trabalham com a metodologia EA". O autor afirma que os cursos existentes não são oferecidos com regularidade

Na subcategoria **Dificuldades nas empresas**, destacam-se as seguintes falas:

> *As empresas ainda não valorizam o profissional do EA. (E8).*

> *Às vezes a empresa não gosta que a gente fique entrando para fazer o acompanhamento. (E12).*

> *O emprego apoiado não está disseminado, e as empresas não conhecem muito o emprego apoiado, então não sabem que existe a*

---

[321] *Ibidem*, p. 117.
[322] BARBOZA, 2019, p. 140.

> possibilidade de customizar vaga, de flexibilizar horário, enfim, o desconhecimento da metodologia traz muita dificuldade quando a gente vai entrar na empresa. (E4).

É interessante também a fala de E7:

> Eu já trabalho há algum tempo e você acaba pegando experiência, e a gente já acaba chegando de outro jeito na empresa e você já percebe se vai ser um lugar legal, se a gente vai conseguir fazer o EA, e aí você fala "Esquece, aqui não vai dar em nada".

Segundo Betti[323],

> [...] a abertura da empresa para que o consultor possa fazer visitas periódicas é fundamental para se gerar o vínculo. Se o consultor perceber que a empresa pode gerar dificuldade no acompanhamento, não vale a pena investir nela como um parceiro para colocação através da metodologia do EA.

Na subcategoria **Diz que faz, mas não faz**, de acordo com os seguintes participantes:

> O que você não pode é montar um programa que não é de EA e dar esse nome. Pesado, né? Então tem muitas pessoas que falam "Eu tô num programa de EA", e, quando você vai ver, às vezes é um posto de saúde. [...] Nada contra quem diz que faz, desde que use a metodologia mesmo, né? Que utilize as ferramentas. (E10).

> Eu já tive muitos casos de empresas que diziam que faziam inclusão, e aí, quando apresentei o EA, a empresa volta atrás e fala "Desculpa, agora eu entendi que não faço nada de inclusão". (E7).

> Eu tenho muito medo do que vai acontecer quando legitimar o emprego apoiado porque muita gente diz que faz EA, mas não faz, porque como você faz um programa de emprego apoiado com cinco consultores para cento e cinquenta usuários? Impossível! (E12).

Estas falas parecem ratificar tanto a afirmação de Barboza[324] "há profissionais que não aplicam a metodologia na sua totalidade" quanto o estudo realizado por Barbosa Júnior[325], que identificou que "o uso do EA por uma organização que busca estar alinhada com o conceito do método permite desenvolver ações que irão promover a autonomia dos trabalhadores". Este mesmo autor aponta que nem sempre é o que acontece na prática

---

[323] BETTI, 2011, p. 102.
[324] BARBOZA, 2016, p. 140.
[325] BARBOSA JÚNIOR, 2018, p. 119.

do dia a dia, pois "existem organizações que dizem utilizar o método, mas que executam ações alinhadas com outros paradigmas diferentes do paradigma inclusivo"[326].

Podemos dizer que alguns elementos centrais organizam o discurso dos consultores de EA. Aparentemente há um esforço grande para cumprir todas as três fases da metodologia, mas com dificuldade ao fazê-lo, talvez oriunda da pressão da Lei de Cotas e da falta de conhecimento das empresas sobre a metodologia. Também se verifica a importância de políticas públicas que legitimem o EA, o trabalho do consultor e a qualificação para ser consultor de EA. As oficinas protegidas ainda estão presentes nas falas dos consultores, mas como uma forma de passagem para o EA, como uma nova possibilidade, um caminho diferente que abre portas, principalmente aos mais excluídos.

Outra interessante observação retirada da análise das entrevistas foi a de que os sujeitos em suas falas fazem referência indireta à definição da metodologia do EA que está no site da ANEA[327]:

> [...] uma metodologia que visa a inclusão no mercado competitivo de trabalho de pessoas em situação de deficiência mais significativa; respeitando e reconhecendo suas escolhas, interesses, pontos fortes e necessidades de apoio para obter, manter e se desenvolver no trabalho.

Aparentemente, os discursos dos sujeitos estão permeados de significados que indicam uma possível passagem para o modelo social, com falas com foco nos valores do EA, muito centrado na pessoa, valorizando suas habilidades e competências, a mediação, a importância do apoio e da customização para ser produtivo e se manter no trabalho. Contudo, algumas falas ainda dão pistas de que essa mudança de pensamento do modelo biomédico para o modelo biopsicossocial criou um possível pensamento diverso, com significados próprios, como, por exemplo, a colocação quando a empresa pressiona para "cumprir cota" e o consultor cede, pois o usuário está "precisando trabalhar". O que parece estar no discurso de alguns consultores é a "esperança" de que a Fase 3 do EA, de pós-colocação, possa suprir a não customização e o não cumprimento da fase de elaboração do perfil, pressupostos importantes no modelo social. Na tentativa de ser mais objetivos, vamos explicar da seguinte forma: temos de um lado um discurso que sabe da importância da pós-colocação, da elaboração do perfil e da

---

[326] *Ibidem*, p. 120.

[327] ANEA, [2021].

customização, práticas baseadas no modelo biopsicossocial. Do outro lado temos a colocação para cumprir "cota", prática baseada no modelo biomédico. O resultado parece ser um pensamento próprio suscitando produção de significados que provavelmente incorporam significações novas às antigas.

A seguir apresentaremos a análise das respostas ao instrumento de práticas educativas.

ANÁLISE DAS RESPOSTAS AO INSTRUMENTO "INVENTÁRIO DE PRÁTICAS EDUCATIVAS"

O inventário de práticas educativas consiste em 56 perguntas que podem ser associadas às três fases do EA. À primeira fase, de elaboração do Perfil vocacional, estão associadas as perguntas de 1 a 22. As perguntas de 23 a 35 estão associadas à fase de Desenvolvimento do emprego. As perguntas de 36 a 50 estão associadas à fase de Colocação e pós-colocação. Finalmente, as perguntas de 51 a 56 podem estar nas três fases.

O inventário foi respondido por 17 participantes. As respostas estão apresentadas nas seções que se seguem, agrupadas segundo os quatro conjuntos descritos anteriormente.

Para apresentar os resultados, foi criado um indicador que expressasse algum grau de objetividade para a análise das respostas. Segundo a *Revista do Professor Atualidades*, elaborada pela Secretaria de Educação do Governo do Estado de São Paulo[328]:

> Um indicador (taxa, índice) é uma medida em geral quantitativa dotada de significado substantivo e usado para substituir, quantificar ou operacionalizar um conceito. Os indicadores sociais são de interesse teórico ou programático para, respectivamente, a pesquisa acadêmica e a formulação de propostas e políticas públicas. Eles informam sobre algum aspecto da realidade social de interesse. Os indicadores, taxas e índices são, portanto, uma forma de medir e avaliar determinadas tendências, contextos e realidade. Sua utilização generalizou-se principalmente a partir da década de 1960, como suportes à formulação e implementação de políticas públicas.

Em virtude disso, foi necessário retornar à conversa com alguns dos sujeitos entrevistados (quatro deles) para entender e quantificar as expressões

---

[328] SÃO PAULO (Estado). Secretaria de Educação. 2016. p. 70.

"sempre", "às vezes", "muito pouco" e "nunca", em termos percentuais. Em outras palavras, precisávamos entender o que os consultores chamavam de "sempre", "às vezes", "muito pouco" e "nunca" e determinar quais valores percentuais adotar para cada tipo de resposta. Esse esclarecimento nos levou às seguintes frequências:

Tabela 5 – Quantificação dos tipos de resposta

TIPO DE RESPOSTA	CORRESPONDE A
SEMPRE	Acima de 90% das vezes
ÀS VEZES	50% das vezes
MUITO POUCO	25% das vezes
NUNCA	0% das vezes
NÃO SEI QUANTIFICAR	Não se aplica

Fonte: dados da pesquisa (2021)

Assim, decidiu-se por adotar um **indicador** que representasse quanto uma prática educativa era empregada ou não. O **indicador** pode assumir valores entre 0 e 1, em que 0 representa que a prática não é adotada por nenhum dos sujeitos do estudo, em nenhuma situação, e o 1 representa que a prática é sempre adotada por todos os sujeitos.

Para isso, atribuímos valores às respostas, segundo a distribuição a seguir:

Tabela 6 – Valoração dos tipos de resposta

TIPOS DE RESPOSTA	VALOR PARA CADA TIPO DE RES-POSTA
SEMPRE	4
ÀS VEZES	2
MUITO POUCO	1
NUNCA	0
NÃO SEI QUANTIFICAR	Não se aplica

Fonte: dados da pesquisa (2021)

Para exemplificar o conceito, consideremos uma pergunta fictícia respondida pelos sujeitos participantes da seguinte forma:

- 11 sujeitos responderam "sempre";
- 4 sujeitos responderam "às vezes";
- 2 sujeitos responderam "muito pouco";
- Nenhum sujeito respondeu "nunca" ou "não sei quantificar".

Com isso, tem-se o seguinte cálculo:

Tabela 7 – Exemplo para o cálculo do indicador

TIPO DE RESPOSTA	VALOR (DE CADA TIPO DE RESPOSTA)	CONTAGEM (DE RESPOSTAS DESTE TIPO)	CÁLCULO (= VALOR * CONTAGEM)
SEMPRE	4	11	44
ÀS VEZES	2	4	8
MUITO POUCO	1	2	2
NUNCA	0	0	0
NÃO SEI QUANTIFICAR	Não se aplica	(0) Não se aplica	Não se aplica
Total de respostas válidas (excetua-se a contagem dos "não sei quantificar")		= 11 + 4 + 2 = 17	Soma = 44 + 8 + 2 = 54
Valor máximo (= Total de respostas válidas * Valor da resposta do tipo "sempre")		= 17 * 4 = 68	
INDICADOR (Soma / Valor máximo) = 54 / 68 = **0,794117647**			

Fonte: dados da pesquisa (2021)

Sendo assim, nesse exemplo, lembrando que o valor do indicador varia entre 0 (mínimo) e 1 (máximo), o valor de 0,8 leva-nos a entender que a prática em questão é bastante utilizada pelos consultores de EA. Isso é corroborado ao comprovarmos que a maioria das respostas se enquadra em "sempre", algumas poucas em "às vezes", e um número ainda menor em "muito pouco".

Num segundo exemplo de cálculo, consideremos que os sujeitos participantes tenham respondido da seguinte forma:

- 2 sujeitos responderam "sempre";

- 3 sujeitos responderam "às vezes";

- 5 sujeitos responderam "muito pouco";

- 10 sujeitos responderam "nunca";

- 3 sujeitos responderam "não sei quantificar".

Com isso, tem-se o seguinte cálculo:

Tabela 8 – Segundo exemplo para o cálculo do indicador

TIPO DE RESPOSTA	VALOR (DESTE TIPO DE RESPOSTA)	CONTAGEM (DE RESPOSTAS DESTE TIPO)	CÁLCULO (= VALOR * CONTAGEM)
SEMPRE	4	2	8
ÀS VEZES	2	3	6
MUITO POUCO	1	5	5
NUNCA	0	10	0
NÃO SEI QUANTIFICAR	Não se aplica	(3) Não se aplica	Não se aplica
Total de respostas válidas (excetua-se a contagem dos "não sei quantificar")		= 2 + 3+ 5+ 10 = 20	Soma = 8 + 6 + 5 = 19
Valor máximo (= Total de respostas válidas * Valor da resposta do tipo "sempre")		= 20 * 4 = 80	
INDICADOR (Soma / Valor máximo) = 19 /80 = **0,2375**			

Fonte: dados da pesquisa (2021)

Sendo assim, nesse exemplo, novamente lembrando que o valor do indicador está entre 0 (mínimo) e 1 (máximo), o valor de 0,2375 leva-nos a entender que a prática em questão é, em linhas gerais, bem pouco utilizada pelos consultores de EA. Tal interpretação é corroborada ao comprovar-se que a maioria das respostas se enquadra em "nunca" e "muito pouco".

As respostas para as perguntas do inventário estão apresentadas nas seções que seguem, acompanhadas do indicador calculado para cada uma delas. As respostas encontram-se agrupadas segundo quatro conjuntos: (1) fase do Perfil vocacional, (2) fase do Desenvolvimento do emprego, (3) fase da Colocação e pós-colocação e (4) aquelas que se aplicam nas três fases.

PERGUNTAS RELACIONADAS À FASE 1 DA METODOLOGIA DO EA: ELABORAÇÃO DO PERFIL VOCACIONAL

1. Observa o usuário no seu dia a dia?

Figura 14 – Observa o usuário no seu dia a dia?

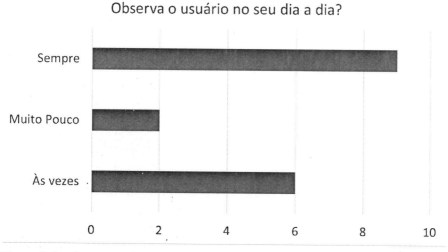

Fonte: dados da pesquisa (2021)

INDICADOR = 0,735294118

Os dados levantados assinalam que essa prática é aplicada na maioria das vezes, mas não de modo sistemático.

A observação do dia a dia é muito importante no processo do EA. Verdugo Alonso[329] aponta que, para as pessoas com deficiência mais significativa, não deve ser feita uma avaliação padronizada e que, para se conseguir autonomia parcial ou total, é necessário conhecimentos e objetivos individualizados de acordo com uma avaliação ecológica, em que é importante observar o usuário no lar, na comunidade, na escola e em alguns casos, quando ele já trabalha, observa-se também no ambiente laboral. Betti[330] assinala que, para a descoberta do perfil, é mister uma observação em ambientes significativos para o usuário.

---
[329] VERDUGO, 2011.
[330] BETTI, 2014.

2. Faz junto do usuário as tarefas do dia a dia?

Figura 15 – Faz junto do usuário as tarefas do dia a dia?

Fonte: dados da pesquisa, 2021

INDICADOR = 0,578125

O valor do indicador aponta para a constatação de que essa prática não é aplicada sistematicamente.

Entender como o usuário executa suas tarefas no dia a dia dá ao consultor algumas pistas importantes para o EA, como, por exemplo, como o usuário aprende, qual seu nível de autonomia e independência, em que estão seus maiores desafios, quais são seus pontos fortes, competências e necessidades de apoio. Redig[331] identifica a importância dos suportes/apoios para a pessoa com deficiência intelectual e resgata o conceito de equidade, lembrando que "o fundamental não é dar exatamente as mesmas condições, mas sim garantir os meios para que os sujeitos possam valer-se das oportunidades oferecidas". Aparentemente, a prática educativa de fazer junto as tarefas do dia a dia é uma ferramenta para garantir a equidade.

---

[331] REDIG, 2016, p. 53.

3. Utiliza o recurso da entrevista conversacional?

Figura 16 – Utiliza o recurso da entrevista conversacional?

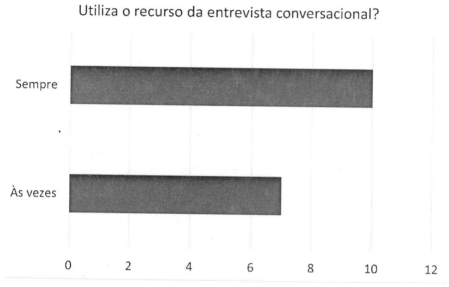

Fonte: dados da pesquisa, 2021

INDICADOR = 0,794117647

Os dados levantados mostram que essa prática é aplicada na maioria das vezes, mas não ainda por todos os profissionais.

Betti[332] aponta alguns esquemas importantes para a descoberta do perfil, como "conversas, entrevistas, observações feitas ficando juntos, pesquisando e colhendo informações".

---

[332] BETTI, 2011, p. 39.

4. Cria estratégias específicas para cada usuário e assim colhe informações importantes para identificar o perfil?

Figura 17 – Cria estratégias específicas para cada usuário e assim colhe informações importantes para identificar o perfil?

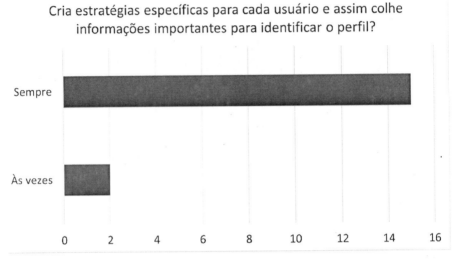

Fonte: dados da pesquisa (2021)

INDICADOR = 0,941176471

Os dados levantados e o consequente valor calculado para o indicador apontam para uma relevância na prática educativa de criar estratégias específicas para cada usuário e assim colher informações importantes para identificar o perfil do usuário. Esses dados parecem demonstrar a base no modelo social do EA. Para Figueiredo, Righini e Barbosa Júnior[333], o consultor de EA deve fazer um apanhado do contexto vivido pelo usuário e só então reconhecer e validar seus pontos fortes, dificuldades e, com isso, relacionar os apoios e estratégias para sua plena participação e equiparação de oportunidades na sociedade.

---
[333] FIGUEIREDO; RIGHINI; BARBOSA JÚNIOR, 2019.

5. Orienta o usuário sobre a metodologia do EA?

Figura 18 – Orienta o usuário sobre a metodologia do EA?

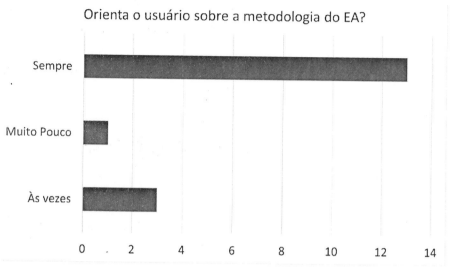

Fonte: dados da pesquisa (2021)

INDICADOR = 0,867647059

Os dados do indicador assinalam uma prática educativa bastante utilizada, que parece estar pautada no modelo social e baseada na Convenção sobre os Direitos das Pessoas com Deficiência[334], que teve como lema norteador seu processo de construção: "Nada sobre nós sem nós pessoas com deficiência".

---
[334] BRASIL, 2009.

6. **Garante uma escolha informada para a família falando sobre a metodologia do EA?**

Figura 19 – Garante uma escolha informada para a família falando sobre a metodologia do EA?

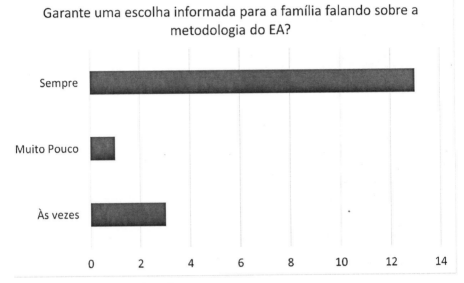

Fonte: dados da pesquisa (2021)

INDICADOR = 0,867647059

As respostas sinalizam uma prática consolidada. Betti[335] fala da importância da família no processo e ressalta que tanto o usuário como a família precisam ser informados e fazer parte ativa nas fases do EA.

---
[335] BETTI, 2011.

7. Elabora um perfil em que estão registrados os gostos, interesses, habilidades e aptidões?

Figura 20 – Elabora um perfil em que *estão* registrados os gostos, interesses, habilidades e aptidões?

Fonte: dados da pesquisa (2021)

INDICADOR = 0,867647059

Em relação à prática educativa de elaboração de um perfil no qual estão registrados os gostos, interesses, habilidades e aptidões, o indicador aponta uma prática constante e recorrente. Esses dados parecem demonstrar a importância de organização e sistematização do perfil. Para Betti[336], "o fato de ser uma avaliação informal não dispensa uma organização da informação colhida para que possa ser útil para o consultor e para o próprio cliente".

---

[336] *Ibidem*, p. 43.

8. Elabora junto ao usuário um currículo visual (portfólio)?

Figura 21 – Elabora junto ao usuário um currículo visual (portfólio)?

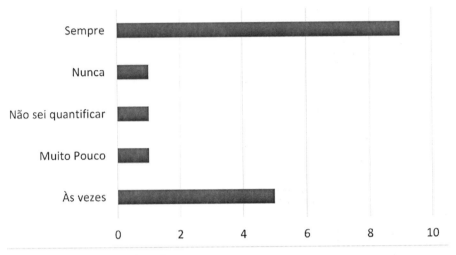

Fonte: dados da pesquisa (2021)

INDICADOR = 0,734375

Os dados levantados denotam que essa prática é aplicada na maioria das vezes, mas não ainda por todos os profissionais. Autores apontam que essa é uma prática educativa relevante, como afirma Betti[337]: "É importante organizar tudo na forma de um perfil vocacional que depois poderá gerar um portfólio menos convencional, que funcionará como uma espécie de currículo".

---
[337] *Ibidem*, p. 43.

9. **Faz uma reunião, no fim da primeira fase, mais centrada na pessoa e chama amigos e família para elaborar um plano de ação à Fase 2 e fechar o perfil?**

Figura 22 – Faz uma reunião, no fim da primeira fase, mais centrada na pessoa e chama amigos e família para elaborar um plano de ação à Fase 2 e fechar o perfil?

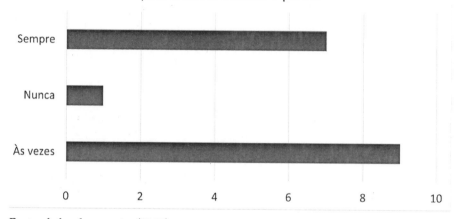

Fonte: dados da pesquisa (2021)

INDICADOR = 0,676470588

Os dados levantados dão-nos mostras de que essa não é uma prática ainda consolidada pelos profissionais.

10. Trabalha junto às redes de apoio?

Figura 23 – Trabalha junto *às* redes de apoio?

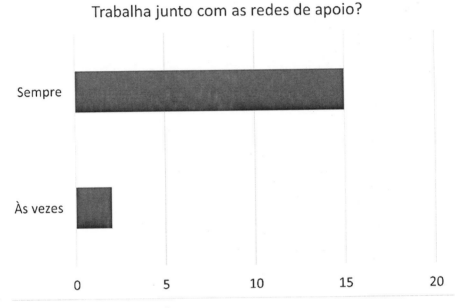

Fonte: dados da pesquisa (2021)

INDICADOR = 0,941176471

O indicador da resposta 10 sobre trabalhar junto às redes de apoio aponta uma prática educativa bastante executada pelos consultores. O site da ANEA[338], que a fase da avaliação do perfil deve ser desenvolvida tanto com o usuário quanto com a família e também com sujeitos que conheçam a pessoa com deficiência significativa ou mantenham alguma relação com ela.

---

[338] ANEA, [2021].

11. Identifica aqueles que não precisam de EA, pois podem ser incluídos por meio de métodos tradicionais?

Figura 24 – Identifica aqueles que não precisam de EA, pois podem ser incluídos por meio de métodos tradicionais?

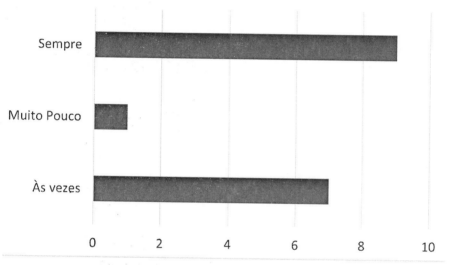

Fonte: dados da pesquisa (2021)

INDICADOR = 0,75

Os dados levantados assinalam que essa prática é aplicada algumas vezes, mas não é ainda uma prática recorrente por todos os profissionais. Segundo a ANEA[339], o emprego apoiado é uma metodologia que visa à inclusão de pessoas em situação de deficiência mais significativa no mercado competitivo de trabalho.

---
[339] *Ibidem.*

12. Avalia a elegibilidade para o programa levando em consideração a presunção de empregabilidade para todos?

Figura 25 – Avalia a elegibilidade para o programa levando em consideração a presunção de empregabilidade para todos?

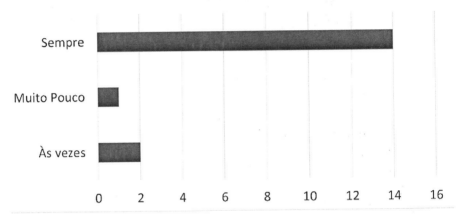

Fonte: dados da pesquisa (2021)

INDICADOR = 0,897058824

Em relação aos dados sobre a prática educativa de avaliar a elegibilidade para o programa levando em consideração a presunção de empregabilidade para todos, temos um indicador que parece demonstrar ser utilizado por muitos profissionais. Diante dessas respostas, identificamos que o pressuposto da exclusão zero é uma prática bastante recorrente entre os consultores. A presunção de empregabilidade é um dos valores do EA[340], e por isso deve pautar o trabalho do consultor.

---

[340] Ibidem.

13. Faz a avaliação ecológico-funcional do usuário?

Figura 26 -- Faz a avaliação ecológico-funcional do usuário?

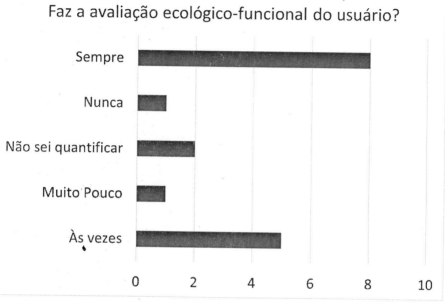

Fonte: dados da pesquisa (2021)

INDICADOR = 0,716666667

A amostra traz uma variedade grande de respostas com uma heterogeneidade em relação a essa prática educativa. O indicador mostra que é uma prática que acontece, mas não é utilizada por muitos profissionais.

14. Elabora os apoios necessários para a inclusão em ambiente de trabalho?

Figura 27 – Elabora os apoios necessários para a inclusão em ambiente de trabalho?

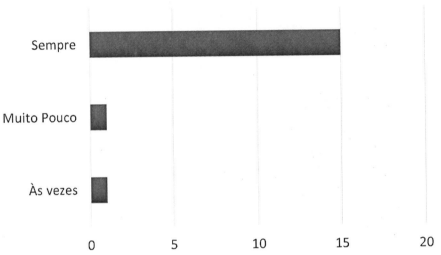

Fonte: dados da pesquisa (2021)

INDICADOR = 0,926470588

Em relação a elaborar os apoios necessários para a inclusão em ambiente de trabalho, o indicador aponta uma prática bastante executada. Apesar de ser uma resposta positiva, chama atenção ainda haver consultores que não o fazem, ou o fazem às vezes, porque, ao não elaborar apoio, consequentemente não se customiza a vaga. Segundo Wehman[341], há nove valores principais para a realização do emprego apoiado, e apoio é um deles, assim como empregabilidade; emprego competitivo; autodeterminação e controle; salário e benefícios proporcionais; foco nas habilidades e aptidões; relacionamento; mudança no sistema tradicional; e importância da comunidade.

---
[341] WEHMAN, 2012.

15. Promove encontros com o usuário em lugares públicos, colocando-o em situações de vida na comunidade?

Figura 28 – Promove encontros com o usuário em lugares públicos, colocando-o em situações de vida na comunidade?

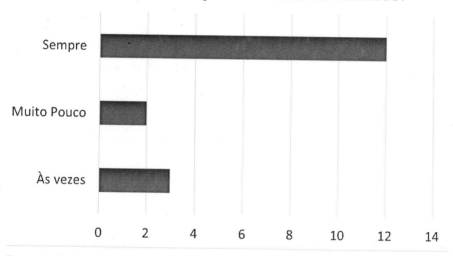

Fonte: dados da pesquisa (2021)

INDICADOR = 0,823529412

Em relação à prática educativa de promover encontros com o usuário em lugares públicos, colocando-os em situações da vida na comunidade, verificamos que é uma atividade consagrada pelos consultores. Para Verdugo Alonso e Jordán de Urríes[342], o consultor desenvolve funções que excedem o âmbito exclusivamente laboral e pode identificar-se também na inserção da comunidade.

---

[342] VERDUGO ALONSO, M. Á.; JORDÁN DE URRÍES, B. **Informe ECA 2011**. Salamanca: INICO, 2011. Disponível em: odocumentaciondown.com/uploads/documentos/1d7a7aef1b78bc2d35e2c7242d68e1d43e15368f.pdf. Acesso em: 14 jul. 2020.

16. Observa como o usuário se comporta no trânsito?

Figura 29 – Observa como o usuário se comporta no trânsito?

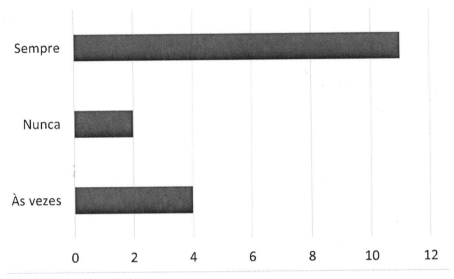

Fonte: dados da pesquisa (2021)

INDICADOR = 0,764705882

Na pergunta 16 sobre a prática de observar como o usuário se comporta no trânsito, o indicador aponta para uma prática comumente realizada pelos consultores. Para Herrán[343], as funções dos consultores são tanto gerais como específicas. Observar o usuário no trânsito, em percursos longos e percursos curtos, é tarefa bastante específica a ser executada.

---

[343] HERRÁN, A. La mediación laboral con personas con discapacidad intelectual. *In*: BADESA S. M. (org.). **Formación para la inclusión laboral de personas con discapacidad intelectual**. Madrid: Pirámide, 2010.

17. Observa o usuário na vizinhança?

Figura 30 – Observa o usuário na vizinhança?

Fonte: dados da pesquisa (2021)

INDICADOR = 0,691176471

Os dados expressam que observar o usuário na vizinhança é uma prática usada, mas ainda não por todos. Betti[344] chama atenção para essa parte importante da Fase 1 do EA quando explica que "o processo de descoberta acontece de uma forma bem informal com o consultor compartilhando algumas situações cotidianas como: almoçar, andar na vizinhança, fazer compras, ir ao cinema, visitar amigos, parentes, etc."

---

[344] BETTI, 2011, p. 38.

18. Observa o usuário em casa?

Figura 31 – Observa o usuário em casa?

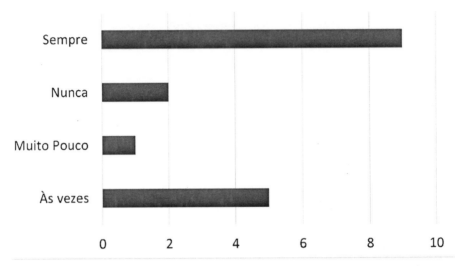

Fonte: dados da pesquisa (2021)

INDICADOR = 0,691176471

Em relação a observar o usuário em casa, as respostas apontam para uma prática medianamente usada. A observação na vizinhança, nos trajetos, nos meios de transporte não é uma prática educativa para medir ou excluir o usuário no trabalho, e sim para perceber as melhores estratégias para ele ter sucesso no ambiente laboral[345].

---

[345] BETTI, 2014.

19. Observa o usuário em deslocamentos curtos?

Figura 32 – Observa o usuário em deslocamentos curtos?

Fonte: dados da pesquisa (2021)

INDICADOR = 0,720588235

Os dados levantados mostram que essa prática é aplicada algumas vezes, mas não é ainda uma prática recorrente por todos os profissionais.

20. Observa o usuário em deslocamentos longos?

Figura 33 – Observa o usuário em deslocamentos longos?

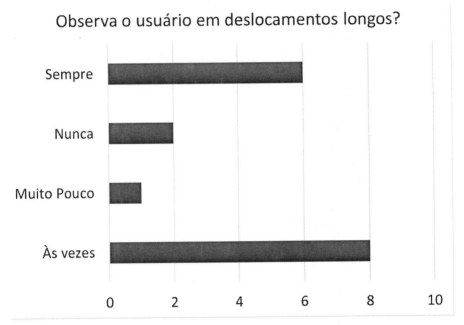

Fonte: dados da pesquisa (2021)

INDICADOR = 0,602941176

Os dados demonstram que observar o usuário em deslocamentos longos é uma prática medianamente usada.

21. Promove encontros com o usuário na casa dele?

Figura 34 – Promove encontros com o usuário na casa dele?

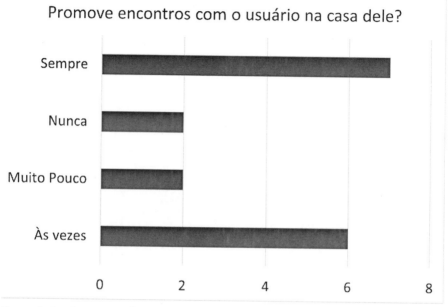

Fonte: dados da pesquisa (2021)

INDICADOR = 0,617647059

Na pergunta 21, sobre se os consultores promoverem encontros com o usuário na casa deste, o indicador aponta que não é uma atividade ainda consagrada pelos consultores. Segundo Betti[346], essa é uma prática importante no EA, pois a descoberta do perfil acontece "na casa, no bairro, do cliente, lugares que ele frequenta e na comunidade em geral".

---
[346] BETTI, 2011, p. 40.

22. Compartilha, com família e usuários, o planejamento e a tomada de decisões?

Figura 35 – Compartilha, com família e usuários, o planejamento e tomada de decisões?

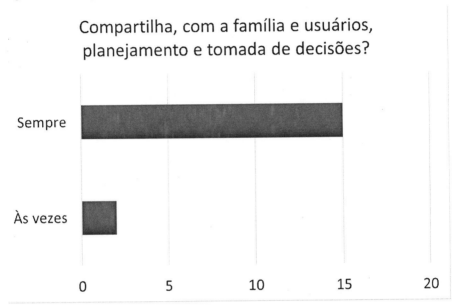

Fonte: dados da pesquisa (2021)

INDICADOR = 0,941176471

Os dados obtidos demonstram que a maioria dos consultores compartilha, com família e usuários, o planejamento e tomada de decisões, sinalizando uma prática educativa constante. De acordo com Wehman[347], um dos valores do EA é a participação ativa do usuário, com ele próprio sendo o principal ator de sua vida e agindo ativamente na tomada de decisões relacionadas a seu presente e futuro.

---
[347] WEHMAN, 2012.

PERGUNTAS RELACIONADAS À FASE 2 DO EA: DESENVOLVIMENTO DO EMPREGO

23. Promove avaliação situacional em ambiente de trabalho?

Figura 36 – Promove avaliação situacional em ambiente de trabalho?

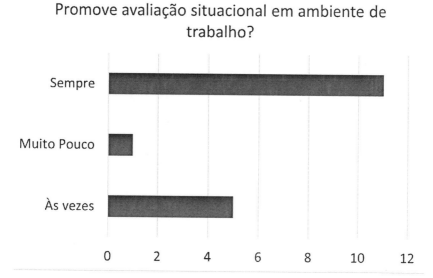

Fonte: dados da pesquisa (2021)

INDICADOR = 0,808823529

Em relação à pergunta se o consultor promove avaliação situacional em ambiente de trabalho, o indicador revela que é uma prática bastante executada, mas ainda não por todos. Verdugo Alonso e Jenaro[348] defendem a necessidade da avaliação situacional antes que o usuário entre formalmente na empresa, contribuindo assim para o sucesso da inclusão laboral. Nesse sentido, Betti[349] ressalta a importância dessa experiência da avaliação situacional e observa que essa estratégia de exploração de atividades não é um estágio. O autor chama atenção para a não existência de uma legislação específica que legitime essa relação entre empresa e usuário e propõe a criação de uma lei brasileira nesse sentido, para dar mais segurança aos envolvidos.

---

[348] VERDUGO ALONSO; JENARO, 2005.
[349] BETTI, 2011.

24. Analisa a vaga já existente e compara com o perfil do usuário?

Figura 37 – Analisa a vaga já existente e compara com o perfil do usuário?

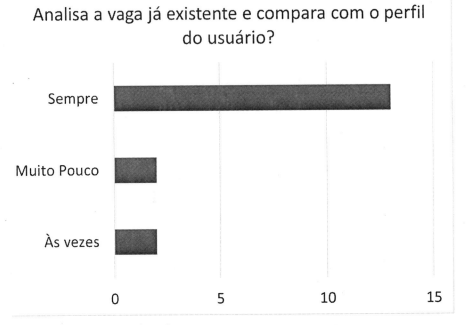

Fonte: dados da pesquisa (2021)

INDICADOR = 0,852941176

Analisando as respostas da pergunta 24, percebe-se que a maioria dos sujeitos sempre analisa a vaga existente e a compara com o perfil do usuário. É importante uma busca de vaga individualizada, focada nas aptidões e habilidades de cada usuário, auxiliando a traçar uma vaga customizada de acordo com o perfil de cada um. Betti[350] chama atenção para essa importante prática e alerta que a Lei de Cotas não deve deixar o consultor acomodado, fazendo com que não procure pequenas e médias empresas. Para o autor, "corre-se o risco de criar uma visão estigmatizada da pessoa com incapacidade mais significativa, com guetos específicos de trabalho e passando a mensagem que só empresas que precisam cumprir a cota devem contratá-las"[351].

---

[350] *Ibidem.*
[351] *Ibidem*, p. 102.

25. Faz a busca ativa de empresas que atendam o perfil do usuário?

Figura 38 – Faz a busca ativa de empresas que atendam o perfil do usuário?

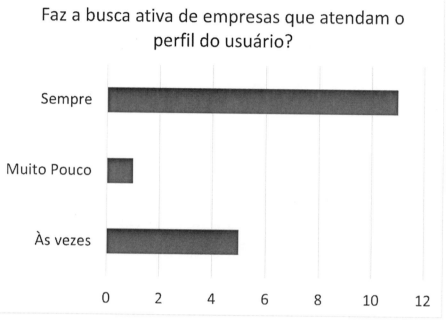

Fonte: dados da pesquisa (2021)

INDICADOR = 0,808823529

Na pergunta sobre busca ativa em empresas que atendam o perfil do usuário, o indicador aponta para uma prática utilizada, mas ainda não por todos os consultores. Nem sempre é fácil chegar a uma empresa e conseguir uma vaga que atenda o perfil do usuário. Para isso, o consultor deve contar com sua rede de relacionamentos, assim como com uma rede do usuário e de seus familiares. Algumas vezes é mais fácil para o consultor seguir o fluxo de vagas oferecidas pelas empresas para preencher a Lei de Cotas. Outro ponto interessante a ressaltar é o levantado por Cézar[352], que identificou que um dos maiores motivos de desligamento da pessoa em situação de deficiência significativa é a insatisfação com o serviço, demonstrando a importância de se conseguir uma vaga de acordo com o perfil traçado na primeira fase.

---

[352] CÉZAR, 2012.

26. Utiliza estratégias de marketing para abordar as empresas?

Figura 39 – Utiliza estratégias de marketing para abordar as empresas?

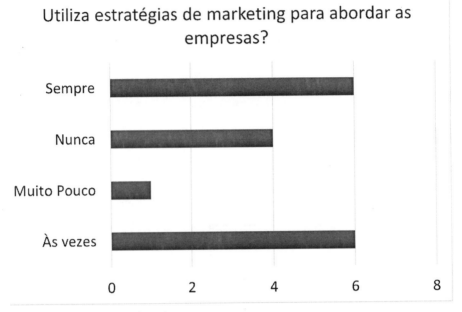

Fonte: dados da pesquisa (2021)

INDICADOR = 0,544117647

A prática educativa de utilizar estratégias de marketing para abordar as empresas ainda não é utilizada sistematicamente. Barboza[353] chama atenção para a complexidade de tarefas atribuídas ao consultor de EA, que perpassa por todas as fases do EA. Barboza[354], numa tentativa de fomentar a regulamentação da profissão de consultor de EA, criaram uma lista baseada na Classificação Brasileira de Ocupação (CBO), e entre as atividades do profissional de EA elencaram a de dominar técnicas de marketing e prospecção de oportunidades de trabalhos.

---

[353] BARBOZA, 2019.
[354] BARBOZA, 2016.

27. Apresenta a metodologia do EA para as empresas?

Figura 40 – Apresenta a metodologia do EA para as empresas?

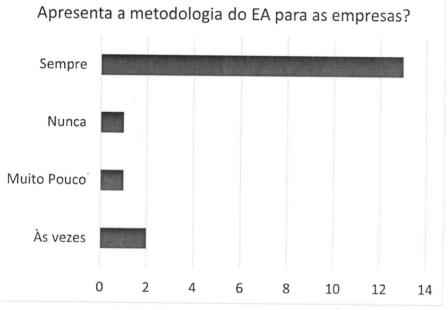

Fonte: dados da pesquisa (2021)

INDICADOR = 0,838235294

Em relação a apresentar a metodologia do EA para as empresas, o indicador aponta para uma prática recorrente, mas ainda não utilizada por todos os consultores.

28. Analisa a cultura organizacional?

Figura 41 – Analisa a cultura organizacional?

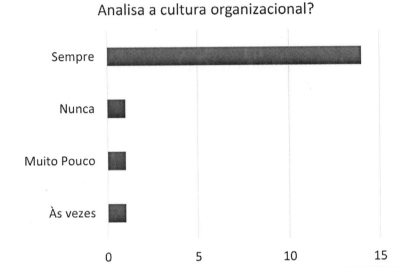

Fonte: dados da pesquisa (2021)

INDICADOR = 0,867647059

Em relação à pergunta sobre a prática educativa de analisar a cultura organizacional, o indicador aponta para uma tarefa recorrente entre os consultores. Segundo autores como Matos e Pereira[355], o processo de transformação da cultura organizacional é ainda lento em relação à diversidade e principalmente considerando a inclusão em ambiente de trabalho de pessoas em situação de deficiência mais significativa. As ações são feitas sem planejamento e muitas vezes apenas para cumprir a Lei de Cotas. Para Barbosa Júnior[356],

> [...] quando a organização se propõe a seguir um método, a equipe precisa se qualificar constantemente e desenvolvendo-se mais. Os resultados tendem a ser melhores e a adoção de uma nova cultura pode influenciar outros projetos e áreas da organização.

---

[355] MATOS, N. R. V. de. **Emprego apoiado**: uma análise psicossocial da inclusão da pessoa com deficiência no mercado de trabalho. São Paulo: PUC-SP, 2013; PEREIRA, A. C. C. **Inclusão de pessoas com deficiência no trabalho e o movimento da cultura organizacional**: análise multifacetada de uma organização. Porto Alegre: UFRGS, 2011.

[356] BARBOSA JÚNIOR, 2018, p. 108.

29. Customiza a vaga conforme as necessidades da empresa e do usuário?

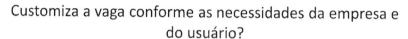

Figura 42 – Customiza a vaga conforme as necessidades da empresa e do usuário?

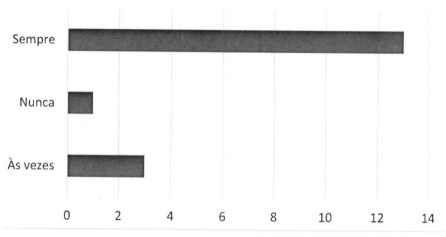

Fonte: dados da pesquisa (2021)

INDICADOR = 0,852941176

O indicador parece mostrar que a customização é uma prática educativa sistemática entre os consultores, mas ainda não totalmente consagrada. Para Redig[357], a customização contribui para a eliminação de barreiras, aumenta a produtividade e a oportunidade de sucesso. A autora chama atenção para o *"win-win situation"*, em que todos ganham, ou seja, empresa e usuário. A empresa ganha produtividade e cumpre a Lei de Cotas, e o usuário ganha um posto de trabalho.

---
[357] REDIG, 2016.

30. Analisa a função junto à empresa?

Figura 43 – Analisa a função junto *à* empresa?

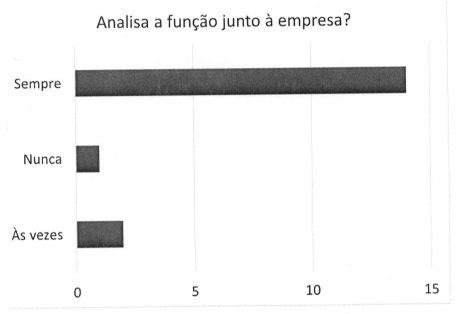

Fonte: dados da pesquisa (2021)

INDICADOR = 0,882352941

Os dados levantados revelam-nos que essa prática é bastante utilizada, mas ainda não é uma prática recorrente e utilizada por todos os profissionais. Para Herrán[358], é função específica do consultor conhecer o perfil do usuário e com essa informação analisar a função junto à empresa, proporcionando dessa forma uma maior chance de produtividade e retenção para a empresa e o sucesso para o usuário.

---

[358] HERRÁN, 2010.

31. Analisa os processos/necessidades da empresa?

Figura 44 – Analisa os processos/necessidades da empresa?

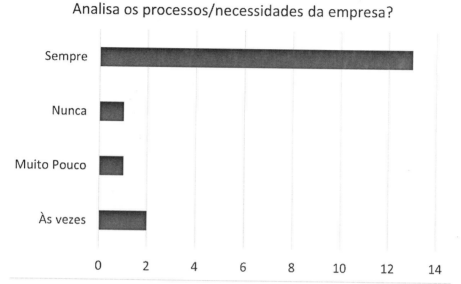

Fonte: dados da pesquisa (2021)

INDICADOR = 0,838235294

Em relação à prática de analisar os processos/necessidades das empresas, os resultados anunciam que é uma atividade recorrente. De acordo com Betti[359], essa é uma prática importante, pois vai "possibilitar que o empregador tenha uma visão bem clara da importância que o novo empregado trará para sua empresa".

---

[359] BETTI, 2011, p. 85.

32. Faz o mapeamento e identificação dos apoios naturais?

Figura 45 – Faz o mapeamento e identificação dos apoios naturais?

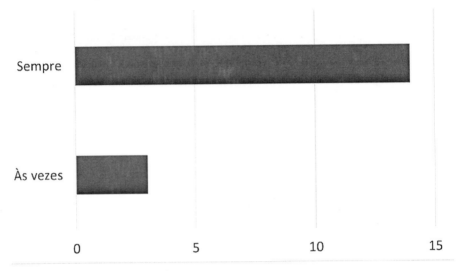

Fonte: dados da pesquisa (2021)

INDICADOR = 0,911764706

Em relação ao mapeamento e à identificação dos apoios naturais, o indicador aponta que é uma prática consagrada pelos consultores. Para Rech[360], os apoios naturais podem ser eficazes não só para desobstruir barreiras ambientais como também para aumentar o desempenho dos usuários do EA. Para a autora,

> [...] criação de alterações ambientais como apoios eficazes de funcionários com deficiência intelectual pode desconstruir este paradigma de reforçamento negativo, passando a realizar-se contratações devido à produtividade e desempenho de colaboradores com deficiências.[361]

---

[360] RECH, 2017.
[361] *Ibidem*, p. 61.

33. Negocia a vaga customizada?

Figura 46 – Negocia a vaga customizada?

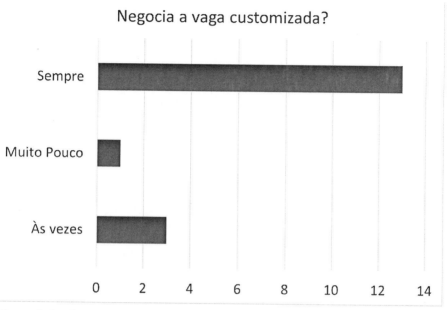

Fonte: dados da pesquisa (2021)

INDICADOR = 0,867647059

Os dados levantados exprimem que essa prática é bastante aplicada, mas não é empregada por todos os profissionais. Negociar a vaga customizada está muito ligado à cultura de diversidade da empresa. Quanto maior e melhor for essa cultura, mais aberta à customização ela estará. Herrán[362] faz uma observação muito pertinente e aponta que o consultor, para colocar o usuário na empresa, deve antes conhecer as características da empresa, sua idoneidade e seu compromisso com a inclusão laboral.

---

[362] HERRÁN, 2010.

34. Define as estratégias de treinamento e de inclusão social?

Figura 47 – Define as estratégias de treinamento e de inclusão social?

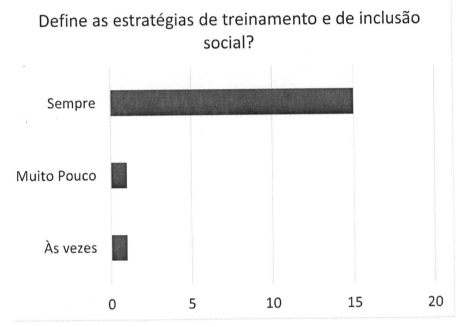

Fonte: dados da pesquisa (2021)

INDICADOR = 0,926470588

O indicador aponta que a prática de definir as estratégias de treinamento e inclusão é quase sempre empregada pelos profissionais de consultoria do EA. Negociar a vaga e analisar as tarefas e o treinamento é tópico normalmente negociado na hora de se criar uma vaga. Em uma negociação, deve-se sempre ter em mente que o objetivo é chegar a um acordo que seja bom para todos os lados envolvidos. No caso das estratégias do treinamento, "muitas vezes o consultor pode ajudar na escolha do treinador do seu cliente. Mas nem sempre isso é possível"[363].

---

[363] BETTI, 2011, p. 87.

35. Realiza a análise da tarefa?

Figura 48 – Realiza a análise da tarefa?

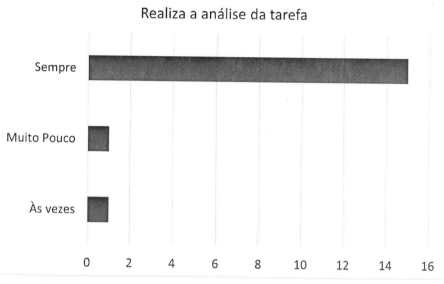

Fonte: dados da pesquisa (2021)

INDICADOR = 0,926470588

O indicador aponta para uma prática educativa já consolidada pelos consultores. Betti[364] chama atenção para a importância dessa prática e afirma que "nesse momento ele vai aprofundar as observações já realizadas, mas agora com um foco maior nas tarefas pelas quais seu cliente será responsável"; e observa ainda que essa análise deve ser registrada por escrito, uma vez que ajudará a definir e avaliar as estratégias mais assertivas para o treinamento.

---

[364] *Ibidem*, p. 86.

PERGUNTAS RELACIONADAS À FASE 3 DO EA: COLOCAÇÃO E PÓS-COLOCAÇÃO

36. Faz a mediação entre empresa e família?

Figura 49 – Faz a mediação entre empresa e família?

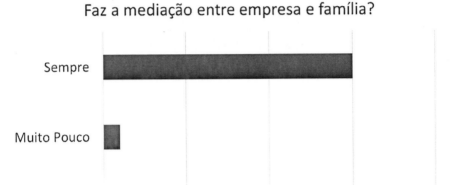

Fonte: dados da pesquisa (2021)

INDICADOR = 0,926470588

Fazer a mediação entre a empresa e família é uma prática educativa muito recorrente entre os consultores, que parece já estar consolidada.

37. Faz a mediação entre empresa e usuário?

Figura 50 – Faz a mediação entre empresa e usuário?

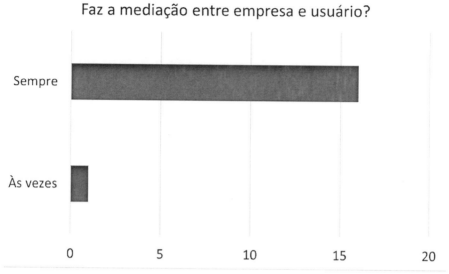

Fonte: dados da pesquisa (2021)

INDICADOR = 0,970588235

Sobre a prática de mediação entre empresa e usuário, temos um indicador que revela ser essa uma prática consagrada entre os consultores. Figueiredo, Righini e Barbosa Júnior[365] apontam que, não sendo o ambiente organizacional suficientemente inclusivo, devem-se criar estratégias que contribuam para a construção de práticas inclusivas.

---

[365] FIGUEIREDO; RIGHINI; BARBOSA JÚNIOR, 2019.

38. Faz a mediação entre usuário e colega de trabalho?

Figura 51 – Faz a mediação entre usuário e colega de trabalho?

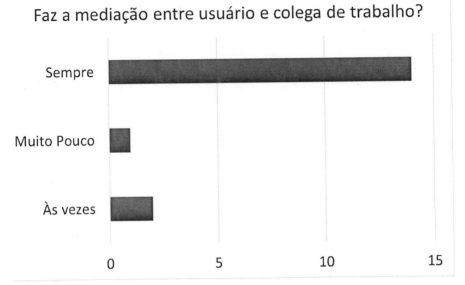

Fonte: dados da pesquisa (2021)

INDICADOR = 0,897058824

Os resultados assinalam que essa prática é habitual e consolidada entre os profissionais do EA.

39. Faz visitas ao ambiente de trabalho?

Figura 52 – Faz visita ao ambiente de trabalho?

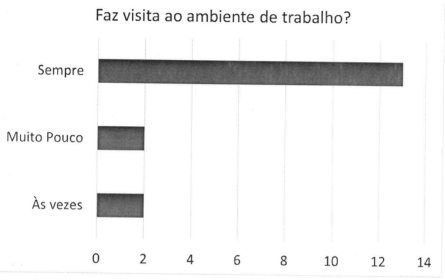

Fonte: dados da pesquisa (2021)

INDICADOR = 0,852941176

O valor calculado para o indicador mostra-nos que essa prática é aplicada habitualmente pelos profissionais. Para Figueiredo, Righini e Barbosa Júnior[366], as visitas ao ambiente de trabalho são importantes para avaliar o desenvolvimento do trabalhador e a adequação do ambiente organizacional.

---
[366] *Ibidem.*

40. Faz avaliação sistemática com a empresa?

Figura 53 – Faz avaliação sistemática com a empresa?

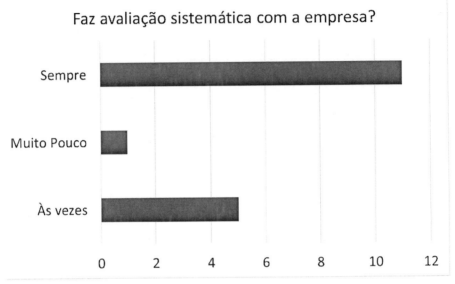

Fonte: dados da pesquisa (2021)

INDICADOR = 0,808823529

Os resultados demonstram que, apesar de não ser aplicada por todos sempre, essa prática é muito utilizada. As empresas consideram importante para o sucesso da inclusão a visita do consultor de EA pelo menos uma vez ao mês.

41. Faz autoavaliação sistemática com o usuário?

Figura 54 – Faz autoavaliação sistemática com o usuário?

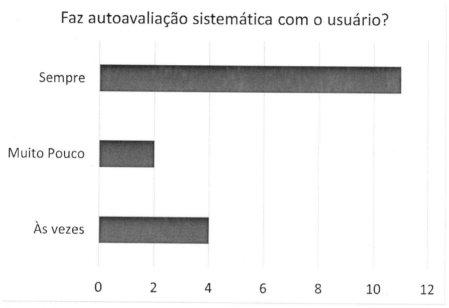

Fonte: dados da pesquisa (2021)

INDICADOR = 0,794117647

Os resultados indicam que essa prática é bastante utilizada, apesar de não ser aplicada por todos, em todas as ocasiões. O usuário, como parte principal do EA, deve estar sempre fazendo a autoavaliação com a mediação do consultor.

42. Gera relatórios sistemáticos para a empresa?

Figura 55 – Gera relatórios sistemáticos para a empresa?

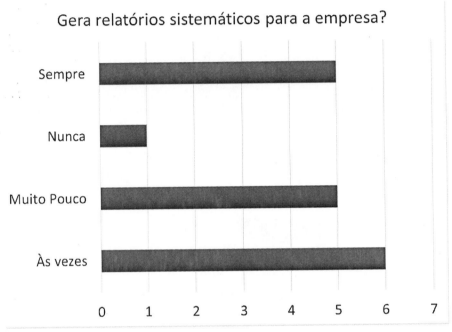

Fonte: dados da pesquisa (2021)

INDICADOR = 0,544117647

Essa prática ainda não é utilizada sistematicamente, como apontado pelo indicador.

43. Gera relatórios sistemáticos para a família?

Figura 56 – Gera relatórios sistemáticos para a família?

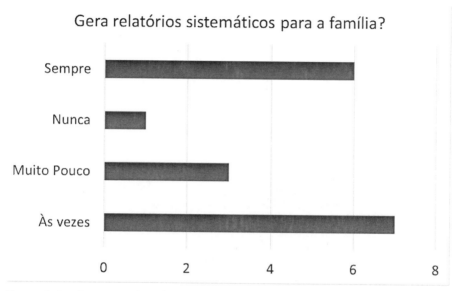

Fonte: dados da pesquisa (2021)

INDICADOR = 0,602941176

A prática de gerar relatórios sistemáticos para a família ainda não é utilizada sistematicamente, conforme apontado pelo indicador, apesar de ser importante e citada por Barboza[367] como uma das múltiplas funções do consultor do EA. Segundo o autor, registrar dados de forma organizada e efetiva é uma das funções atribuídas ao consultor de EA.

---

[367] BARBOZA, 2019.

44. Gera relatórios sistemáticos para o usuário?

Figura 57 – Gera relatórios sistemáticos para o usuário?

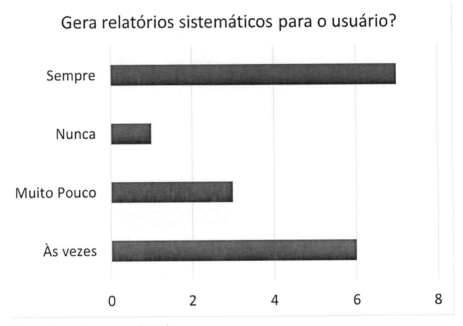

Fonte: dados da pesquisa (2021)

INDICADOR = 0,632352941

De acordo com os dados levantados, a prática de gerar relatórios sistemáticos para o usuário parece ainda não ser uma atividade recorrente entre os profissionais.

45. Oferece apoio às famílias após colocação?

Figura 58 – Oferece apoio *às* famílias após colocação?

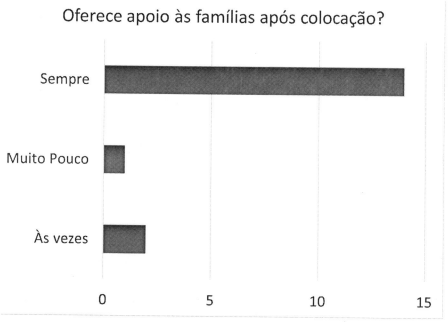

Fonte: dados da pesquisa (2021)

INDICADOR = 0,897058824

O indicador mostra que a prática de oferecer apoio às famílias após a colocação é uma atividade recorrente entre os consultores, mas ainda não executada por todos. O consultor deve promover a articulação entre todos os atores envolvidos no processo de inclusão. Segundo Figueiredo, Righini e Barbosa Júnior[368], essa articulação deve ter sempre foco no desenvolvimento da autonomia do usuário. Para Vera[369], a participação da família é um dos fatores-chave para o sucesso da inclusão em ambiente de trabalho.

---

[368] FIGUEIREDO; RIGHINI; BARBOSA JÚNIOR, 2019.
[369] VERA, S. O. Supported employment: results after eight years applying a Chilean approach. **Journal of Vocational Rehabilitation**, [S.l.], v. 41, p. 53-57, 2014 *apud* BARBOSA 2018.

46. Oferece apoio às empresas após colocação?

Figura 59 – Oferece apoio às empresas após colocação?

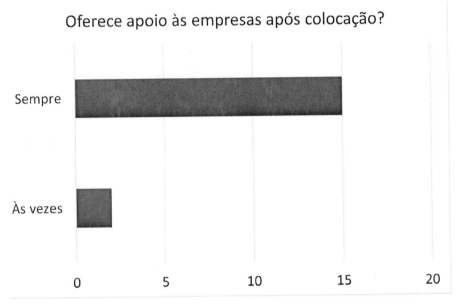

Fonte: dados da pesquisa (2021)

INDICADOR = 0,941176471

O indicador aponta para uma prática bastante executada pelos consultores. O apoio à empresa após a colocação é importante e, segundo Barbosa[370], garante a geração de valores para a empresa. Figueiredo, Righini e Barbosa Júnior[371] alertam sobre a importância de, antes da contratação, serem implantadas ações de conscientização em relação aos futuros colegas, visando à mudança de cultura e ao alicerce de práticas educativas inclusivas.

---

[370] BARBOSA, 2018.
[371] FIGUEIREDO; RIGHINI; BARBOSA JÚNIOR, 2019.

47. Oferece apoio aos usuários após colocação?

Figura 60 – Oferece apoio aos usuários após colocação?

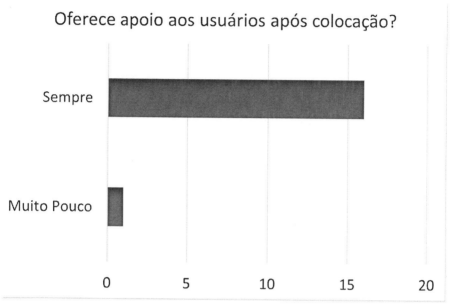

Fonte: dados da pesquisa (2021)

INDICADOR = 0,955882353

Esse apoio ao usuário é uma prática importante e com alto índice de execução pelos consultores. Segundo Castro[372], esse apoio deve ter um olhar de mediação que favoreça uma escuta ativa, um olhar criativo que possa gerar estratégias inclusivas que beneficiem o usuário.

---

[372] CASTRO, L. R. de. **Adaptações no ambiente de trabalho de pessoas com síndrome de Down**: análise do comportamento e emprego apoiado. Dissertação (Mestrado em Análise do Comportamento Aplicada) – Paradigma Centro de Ciências e Tecnologia do Comportamento, São Paulo, 2017.

48. Qualifica o usuário dentro da empresa?

Figura 61 – Qualifica o usuário dentro da empresa?

Fonte: dados da pesquisa (2021)

INDICADOR = 0,882352941

O indicador mostra que qualificar o usuário dentro da empresa é uma prática educativa efetuada pelos consultores, mas ainda não é uma prática totalmente consolidada no EA.

49. Planeja suporte ao usuário dentro da empresa após colocação?

Figura 62 – Planeja suporte ao usuário dentro da empresa após colocação?

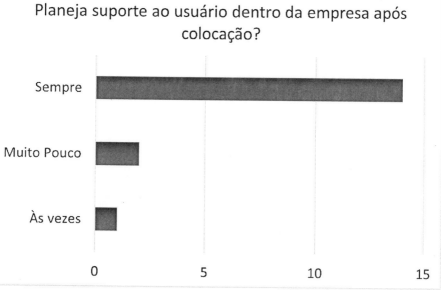

Fonte: dados da pesquisa (2021)

INDICADOR = 0,882352941

Na pergunta 49, sobre a prática educativa de planejar suporte ao usuário dentro da empresa após colocação, temos um índice que indica que a prática é bastante realizada, mas ainda não é comum a todos os consultores. Segundo Figueiredo, Righini e Barbosa Júnior[373], sem esses suportes/apoios, os usuários não terão chances de obter um emprego no sistema aberto ou nele permanecer e progredir.

---

[373] FIGUEIREDO; RIGHINI; BARBOSA JÚNIOR, 2019.

50. Acompanha o usuário após a colocação no emprego?

Figura 63 – Acompanha o usuário após a colocação no emprego?

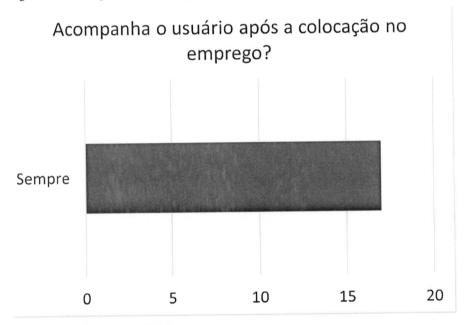

Fonte: dados da pesquisa (2021)

INDICADOR = 1

Sobre a prática educativa de acompanhar o usuário após a colocação no emprego, temos um indicador que aponta para uma prática totalmente consolidada e dentro dos respaldos legais. O acompanhamento está previsto no Art. 37, parágrafo único, inciso V, da LBI, que prevê práticas de avaliação periódicas no trabalho.

PERGUNTAS RELACIONADAS ÀS TRÊS FASES

51. Prospecta junto à empresa?

Figura 64 – Prospecta junto *à* empresa?

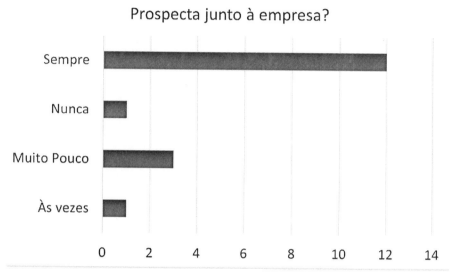

Fonte: dados da pesquisa (2021)

INDICADOR = 0,779411765

Na pergunta 51, sobre a prática educativa de prospectar junto à empresa, temos um indicador que mostra ser essa uma prática realizada por alguns consultores, mas ainda não por todos.

52. Registra as observações nas três fases do EA?

Figura 65 – Registra as observações nas três fases do EA?

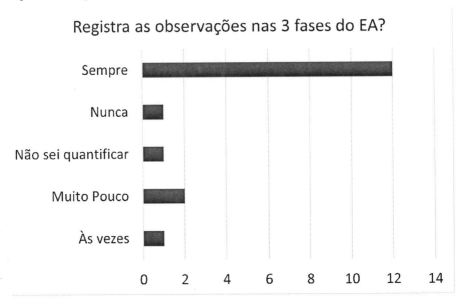

Fonte: dados da pesquisa (2021)

INDICADOR = 0,8125

Na pergunta 52, sobre a prática educativa de registrar as observações nas três fases do EA, temos um indicador que aponta para uma atividade realizada pela maioria dos consultores, mas que ainda precisa ser mais consolidada.

53. Promove discussões sobre inclusão?

Figura 66 – Promove discussões sobre inclusão?

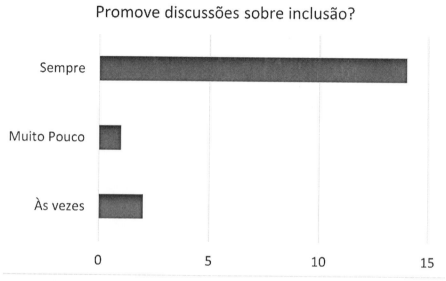

Fonte: dados da pesquisa (2021)

INDICADOR = 0,897058824

Os dados mostram que a maioria dos consultores promove discussões sobre a inclusão.

54. Promove discussões sobre os direitos da pessoa com deficiência?

Figura 67 – Promove discussões sobre os direitos da pessoa com deficiência?

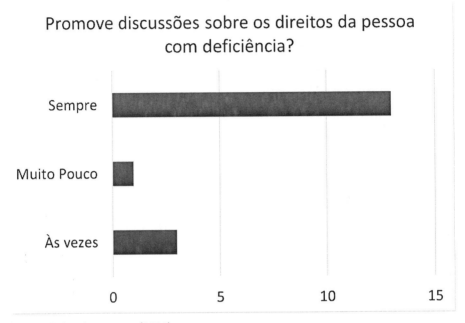

Fonte: dados da pesquisa (2021)

INDICADOR = 0,867647059

Na pergunta 54, sobre a prática educativa de promover discussões sobre os direitos das pessoas com deficiência, o indicador aponta para uma atividade realizada por grande parte dos consultores.

55. Informa sobre tecnologias assistivas às empresas?

Figura 68 – Informa sobre tecnologias assistivas *às* empresas?

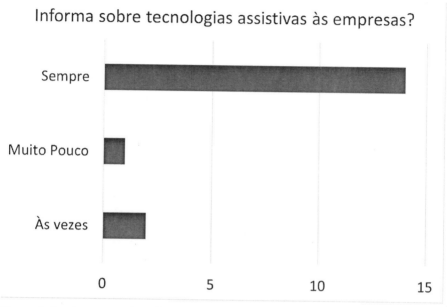

Fonte: dados da pesquisa (2021)

INDICADOR = 0,897058824

O indicador assinala uma atividade realizada por grande parte dos consultores.

56. Informa sobre acessibilidade e desenho universal?

Figura 69 – Informa sobre acessibilidade e desenho universal?

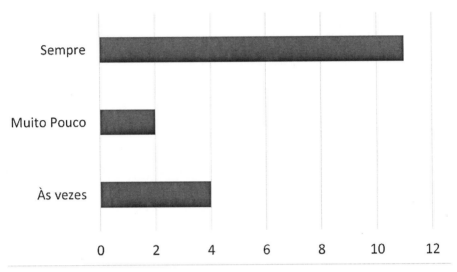

Fonte: dados da pesquisa (2021)

INDICADOR = 0,794117647

Em relação a informar sobre acessibilidade e desenho universal, os dados demonstram que é uma prática realizada por muitos, mas que ainda existem consultores que não a exercem.

Podemos dizer que as cinco práticas educativas mais realizadas pelos consultores são: acompanhar o usuário na pós-colocação no emprego; criar estratégias específicas para cada usuário e assim colher informações importantes para identificar o perfil; compartilhar, com família e usuários, o planejamento e a tomada de decisões; oferecer apoio às empresas após a colocação; e oferecer apoio aos usuários após colocação.

Por outro lado, as cinco práticas educativas menos utilizadas pelos consultores de EA são: fazer junto do usuário tarefas do dia a dia, utilizar estratégias de marketing para abordar empresas, gerar relatórios sistemáticos para a empresa, gerar relatórios sistemáticos para a família, e gerar relatórios sistemáticos para os usuários.

Identificamos certa coerência entre os discursos dos consultores e as respostas verificadas no inventário de práticas educativas, uma vez que as mais consolidadas estão ligadas ao modelo social, aos valores do EA e às três fases do EA. Já as menos utilizadas parecem estar atreladas ao que os consultores falaram sobre a importância da qualificação e as especificidades do trabalho do consultor, como aparece nesta fala:

> *A fase dois é muito difícil para mim, é como se eu tivesse que vender o produto Emprego Apoiado e tenho certa dificuldade em falar com o RH, principalmente quando começam a usar termos técnicos como "turnover", "budget", isso me deixa desconfortável.* (E12)

Fala essa que parece apontar para uma necessidade de capacitação mais voltada para a Fase 2, que é o desenvolvimento do emprego, em que o consultor, além de outras atribuições, precisa conversar e fazer marketing com o RH; assim como também nestas falas: *"Antes eu fazia inclusão no mercado de trabalho, mas sentia falta de uma qualificação, eu sou psicóloga e ia mais por esse lado"* (E8) e *"Eu fiz faculdade de Terapia Ocupacional já para não precisar vender nada para ninguém"* (E6).

A análise realizada sugere um maior foco na qualificação, em particular nas múltiplas especificidades que precisa ter um consultor, como identificou Barboza[374] em sua tese sobre a identidade e o papel do profissional do EA que focaliza a complexidade do trabalho do consultor.

---

[374] BARBOZA, 2019.

O NÚCLEO/MODELO FIGURATIVO DA REPRESENTAÇÃO SOCIAL DE EMPREGO APOIADO POR CONSULTORES: UMA HIPÓTESE INTERPRETATIVA

A representação social é uma modalidade particular de conhecimento cuja função é compreender os comportamentos e a comunicação entre os indivíduos. Moscovici[375] faz referência a duas faces indissociáveis que existem em uma representação, chegando a fazer uma analogia: essas duas faces, a figurativa e a simbólica, seriam como os dois lados de uma folha de papel. Isto significa que cada figura corresponderia a um sentido e que cada sentido corresponderia a uma figura. Portanto, os caracteres figurativo e simbólico das representações não devem ser analisados de maneira separada ou distinta.

Dentro da perspectiva psicossocial da TRS, a pesquisa visa buscar uma hipótese interpretativa do núcleo figurativo da representação social de emprego apoiado por consultores de EA. Esse núcleo figurativo é descrito por Moscovici[376] como "um complexo de imagens que reproduzem visivelmente um complexo de ideias"; e, "ao penetrar no meio social como expressão do real, o modelo figurativo se torna então natural como se fosse copiado diretamente da realidade"[377]. O núcleo figurativo é um "esquema" (modelo ou imagem) básico resultante do processo de objetivação, tornando concretos os elementos do objeto, e tem por função guiar as percepções e os julgamentos associados ao objeto de representação dentro de uma realidade social construída[378].

Quando sujeitos de um determinado grupo, no caso desta pesquisa, consultores de EA, apreendem informações ou conhecimentos de um determinado objeto, inicia-se, em função de seus valores, culturas, normas, comportamentos e expectativas, uma seleção desses elementos e uma busca de familiarização com o objeto. Nesse processo, alguns aspectos vão sendo armazenados e outros descartados, sendo possível a formação de um esquema que vai se desdobrar numa figura que gera uma imagem e dá coerência aos elementos do objeto da representação.

---

[375] MOSCOVICI, 2012.

[376] *Ibidem*, p. 72.

[377] *Ibidem*, p. 115.

[378] JODELET, 1984 *apud* LIMA, R. C. P.; CAMPOS, P. H. F. Núcleo figurativo da representação social: contribuições para a educação. **Educação em Revista**, n. 36, p. 2-22, 2020. p. 3. Disponível em: file:///C:/Users/anapa/Downloads/Educa%C3%A7%C3%A3o%20em%20Revista_1982-6621-edur-36-e206886%20(1).pdf. Acesso em: 22 ago. 2021.

Segundo Moscovici[379], a ancoragem é o processo que transforma algo estranho e perturbador no sistema de categorias das(os) pessoas/grupos e o compara com uma categoria que elas(es) consideram apropriada. Isso significa classificar, dar nome a algo. Ainda para o autor, a objetivação é a materialização de uma abstração, é colocar no concreto algo abstrato. É reproduzir um conceito em uma imagem e integrá-lo em um "modelo figurativo", que reproduz um complexo de ideias. O modelo figurativo, portanto, integra o processo de objetivação.

De acordo com a análise das entrevistas, apresentamos a seguir esquemas de pares antiéticos que, segundo Mazzotti[380], "organizam os discursos e produzem argumentações em contrário, os contra temas". Acreditamos que esses raciocínios podem contribuir para a proposta do modelo figurativo da representação de EA para os consultores.

Figura 70 – Esquema de Pares Antiéticos A: modelo biopsicossocial e modelo biomédico

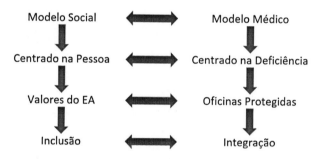

Fonte: a autora

Figura 71 – Esquema de Pares Antiéticos B: emprego apoiado e Lei de Cotas

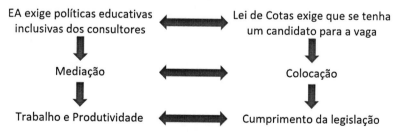

Fonte: a autora

---
[379] MOSCOVICI, 2012.
[380] MAZZOTTI, 2002, p. 105.

O recurso dos esquemas de pares antitéticos apresentados *supra* contribuiu para favorecer a investigação da formação de uma possível objetivação. Expressões como "prática baseada na Lei de Cotas favorece a permanência do modelo biomédico, focado na deficiência, na colocação do usuário para preenchimento de cotas, cumprimento da legislação e funcionário 'café com leite'" foram retiradas dos discursos.

Por outro lado, também emergiram nas falas dos consultores os valores do EA — "o modelo social centrado na pessoa, a necessidade de apoio, a importância do trabalho e da produtividade, o fim dos programas de Oficinas Protegidas como uma passagem do modelo biomédico para o modelo biopsicossocial e 'janela que se abre' quando se incorpora a metodologia do EA nas instituições que até então atendiam na modalidade de Oficinas Protegidas" — como sendo centrais para a efetividade da metodologia do EA.

Dessa forma, chegou-se ao seguinte modelo figurativo da representação social de EA por consultores:

Figura 72 – Modelo figurativo da representação de emprego apoiado por consultores: uma hipótese interpretativa

Fonte: a autora

A ideia representada no modelo figurativo pode ser assim explicada: apesar de os princípios do EA serem mencionados nos discursos, sobressai a "prática centrada na pessoa" baseada no "modelo biopsicossocial" de deficiência, como evidenciam as seguintes falas:

A gente precisa ter respeito e vendo as capacidades e habilidades de cada um, e enquadrar os pontos fortes do usuário com as necessidades da empresa. (E8).

O EA é uma forma da gente fazer essa inclusão, baseado no modelo social, respeitando a individualidade de cada um. (E4).

O emprego apoiado olha para as necessidades de cada usuário e a partir daí procura um trabalho, é uma forma de se fazer inclusão, baseada no modelo social. (E4).

Aparentemente, esse modelo social toma forma por meio da prática educativa da "mediação", conforme as falas:

A mediação é o principal, porque é nossa relação com o outro e precisa de muita sensibilidade. (E5).

Eu acho que são os princípios e valores do EA que diferenciam ele de qualquer outra metodologia, e a mediação, na minha visão, é muito forte no EA. (E3).

No emprego apoiado, você precisa ter uma escuta ativa para o usuário e, dentro dessa escuta, fazer a mediação. (E12).

O desafio vai ser entender quais as necessidades de apoio que ele precisa e a partir daí fazer a mediação. (E4).

O grupo aparentemente organiza e condensa seu discurso em falas com significado de "divisor de águas", metáfora espontânea expressa por E12, e como sugerem outras falas:

Quando eu descobri a metodologia, foi como se uma janela tivesse se aberto para mim. É a segurança de que vai ser planejado e a efetividade de dar certo, por isso é mais eficiente.

Eu já fazia inclusão laboral, mas o EA foi um divisor de águas para mim! (E12).

Eu já tive muitos casos de empresas que diziam que faziam inclusão, e aí, quando apresentei o EA, a empresa volta atrás e fala "Desculpa, agora eu entendi que não faço nada de inclusão". (E7).

Eu trabalhava nas Oficinas Protegidas e aí, lá pelo ano dois mil, eu escutei uma palestra do Sassaki falando sobre a experiência dele nos EUA, sobre o Marco Antônio e sobre o EA e eu pensei "Puxa,

> *que negócio legal!" Foi um despertar, e começamos uma discussão na organização, e fiz um curso com o Alexandre Betti com estágio, e já <u>não tinha volta</u>, porque a metodologia é funcional, não dava mais para questionar o uso do EA. E aí aconteceu a <u>passagem</u> da OP para o EA. (E11).*

> *Bem lá no início, tínhamos onde trabalhava as oficinas protegidas, que julgávamos estar preparando eles [sic] para o mercado de trabalho; aconteceram movimentos e começamos a ser provocados pela sociedade, né? Foi quando o Fernando Henrique [presidente] assinou lá o decreto da Lei de Cotas. E aí começamos a repensar algumas coisas, as empresas começaram também a se preocupar, porque era obrigado, mas não tinha a multa, né? E aí começamos a <u>buscar</u> sobre algum método que ajudasse a fazer a inclusão dessas pessoas, porque a gente sabia que nas oficinas as pessoas ficavam muito tempo, cinco, dez, às vezes quinze anos se profissionalizando numa oficina e a gente sabia que era uma questão mais terapêutica do que profissionalizante. **Nessa necessidade de mudança surge o EA, e era exatamente o que buscávamos.** (E10).*[381]

O grupo parece objetivar o EA na metáfora "divisor de águas", tratando-o como um acontecimento importante que mudou o rumo da empregabilidade das pessoas em situação de deficiência mais significativa e auxiliando na passagem do modelo biomédico para o modelo biopsicossocial. Os consultores de EA parecem acreditar que o EA foi a reviravolta esperada para passar da integração para a inclusão.

Também há pistas de que os consultores de EA façam a ancoragem das suas práticas educativas num "caminho que está sendo percorrido", O caminho do impossível para o possível, do dependente para o caminho da autonomia. Esse "caminho percorrido" parece ter um enraizamento no contexto histórico, cultural e social brasileiro muito ligado à Educação. O percurso é uma metáfora já bastante identificada em diversos estudos sobre representações sociais. Para Mazzotti[382], no caso da Educação, ela tem uma função organizadora do discurso, em que o professor é um condutor que guia o aluno no caminho do saber, deslocando-o de um ponto do não saber para um de saber.

Algumas falas podem sugerir essa ancoragem, tais como:

> *O EA proporciona à pessoa ir construindo o seu <u>caminho</u> profissional com posse desse passo a passo. (E3).*

---

[381] Grifos nossos.

[382] MAZZOTTI, 2002.

> *O grande diferencial da metodologia é que proporciona que a gente consiga não só empregar, mas que consiga acompanhar e construir um caminho com ela, fazer um plano de vida.* (E7).

> *As empresas me buscam com uma demanda, a família com outra, mas a gente tem que parar para escutar o nosso usuário e fazer a ponte entre família, usuário e empresa.* (E12).

> *Seguir as três fases do EA te dá conforto, porque você sabe que, no fim do percurso, a inclusão laboral tem tudo para dar certo.* (E6).

Aparentemente, as representações sociais de EA por consultores de EA que trabalham incluindo pessoas em situação de deficiência significativa, especificamente pessoas com deficiência intelectual, em ambiente de trabalho, parecem se objetivar no "divisor de águas" e fornecem pistas da ancoragem dessa representação no "caminho percorrido". Muito possivelmente, por isso as práticas apresentadas no instrumento "Inventário de práticas educativas" que estão concentradas na Fase 1 do EA, em geral, são as práticas mais consolidadas pelos consultores de EA.

6

NÚCLEO DE EMPREGO APOIADO DO INSTITUTO PRIORIT

UNINDO METODOLOGIAS

A metodologia do emprego apoiado pode ser utilizada por um consultor de EA autônomo ou por intermédio de instituições e clínicas. Na minha vida profissional, eu tive a sorte de trabalhar com parceiros incríveis, tanto no Centro de Atendimento Especializado (CAEP) Favo de Mel, da Fundação de Apoio ao Ensino Técnico (FAETEC), como no Instituto Priorit, onde coordeno as atividades do Núcleo de Emprego Apoiado atualmente.

A possibilidade de unir a metodologia Priorit com a metodologia do EA proporciona uma troca de informações, um trabalho cooperativo e em parceria. Essa união possibilitou que, via Núcleo de Emprego Apoiado Priorit (NEAP), a prática do EA ganhasse um direcionamento dentro das necessidades dos usuários e suas características.

Meu relato neste capítulo é justamente para apresentar a diferença do EA quando feito em conjunto com uma equipe multidisciplinar, como é o caso do NEAP. Além disso, serão relatados no fim do capítulo casos de pacientes desde o início de suas atividades até seus resultados no mercado de trabalho.

O Instituto Priorit atua desde 2007 no tratamento do Transtorno do Espectro Autista (TEA) e de outros transtornos de neurodesenvolvimento, por meio de diversas práticas terapêuticas individuais, tais como psicologia, fonoaudiologia, terapia de família, terapia ocupacional com ênfase na integração sensorial, capoeira, teatro, música etc. Contudo, a Metodologia Priorit tem, em sua base, como foco principal o acolhimento e o cuidado com as famílias. Além desse diferencial, o Instituto Priorit desenvolve um trabalho especializado e direcionado ao desenvolvimento das habilidades sociais, valendo-se do Núcleo de Habilidades Sociais (NHS), composto por duas atividades em grupo: Teatro e Habilidades

Sociais; e acompanhamento individual da psicologia, por meio da Terapia Cognitivo Comportamental (TCC), que tem como objetivo identificar os fatores que prejudicam o funcionamento neuropsicossocial do paciente, visando à modificação de pensamentos disfuncionais que influenciam as emoções e os comportamentos.

No dia a dia da clínica, o que se observa é que, à medida que alguns pacientes se desenvolvem e começam a chegar à vida adulta, a necessidade da intensidade de terapias individuais diminui, mas proporcionalmente aumentam-se as demandas sociais, por isso o Instituto Priorit, dentro da sua metodologia, se preocupa com o indivíduo de forma integrativa e busca a excelência de seus atendimentos para todas as fases da vida do paciente.

Ao entrar na fase adulta, os jovens buscam autonomia e independência, e, dentro dessas demandas, estão o trabalho e o crescimento profissional. Assim, a metodologia Priorit uniu-se à metodologia do emprego apoiado e construiu o Núcleo de Emprego Apoiado Priorit. O NEAP, com a equipe terapêutica, trabalha de forma multidisciplinar para proporcionar a inclusão laboral e o desenvolvimento adulto e profissional do paciente Priorit, tendo como objetivo acompanhar e monitorar essa nova fase da vida, propiciando o sentimento de pertencimento e o acolhimento desse indivíduo na sociedade.

O trabalho do NEAP é baseado na metodologia do EA e respeita as diferentes fases do emprego apoiado, que vão desde a identificação do perfil até o acompanhamento pós-colocação, passando pelos acontecimentos que permeiam a vida profissional e adulta, como entrada em universidades, estágios, inclusão em grupos de pesquisa, cursos livres, empreendedorismo etc.

O NEAP tem o usuário como centro do processo de inclusão, respeitando seus interesses, reconhecendo suas escolhas, suas habilidades e necessidades de apoio. É o consultor do NEAP que realizará a busca e customização da vaga, a qualificação do usuário, a introdução ao ambiente de trabalho, o acompanhamento e a mediação dos agentes envolvidos no processo (usuário, empresa, família e terapeutas, e rede de apoio), durante e após a colocação no trabalho.

O consultor do NEAP vai elaborar, em conjunto com os agentes envolvidos, algumas adaptações necessárias, como, por exemplo, número de dias e horas trabalhados, adequação da função, estratégias no processo e ações socioeducativas nas empresas.

A família também exerce um papel importante no processo. Sendo assim, é fundamental que os familiares entendam e aceitem as demandas e os interesses dos filhos e, com isso, se engajem e apoiem as decisões destes.

A empresa, por seu lado, precisa ser parceira e interessada em fazer a diferença na sociedade. É importante um alinhamento entre o NEAP e a empresa, desde seus valores, propósitos, até sua atuação no mercado de trabalho.

As ações do NEAP são divididas em três etapas principais. Porém, é fundamental entender que cada paciente permanece o tempo que for necessário em cada uma delas. As etapas são descritas a seguir, no Quadro 1, desde a entrada do trabalhador no NEAP até a fase de acompanhamento, ou seja, após a consolidação da ocupação da vaga no mercado de trabalho.

A fase de acompanhamento pode ter seus objetivos modificados após um período de sucesso da vaga ocupada. O NEAP, com a empresa, começa a estruturar e viabilizar um plano de carreira para o usuário. É crucial que todos os atores envolvidos estejam cientes da capacidade de avanço de cada trabalhador, tornando o seu crescimento profissional possível, à medida que ele demonstra sua evolução no trabalho desempenhado.

Quadro 1 – Etapas do Núcleo de Emprego Apoiado do Instituto Priorit

	Consultor NEAP	Paciente	Família	Equipe Terapêutica	Empresa
Etapa I	Busca ativa de vaga no mercado de trabalho. Compreensão do perfil do trabalhador e sua família.	Levantamento e exposição de suas demandas e interesses.	Entendimento do trabalho do NEAP e das demandas e interesses do paciente	Preparação do paciente para exposição dos seus interesses e demandas	Recebe o consultor para formar networking. Pensa em soluções junto ao consultor NEAP para a inclusão do paciente.
Etapa II	Preparação para o ambiente de trabalho. Preparação para entrevistas de emprego. Acompanhamento em entrevistas. Customização da vaga. Elaboração dos apoios necessários para a inclusão na vaga. Preparação da empresa para receber o trabalhador.	Treinamento inicial para entrevistas e realização das mesmas. Treinamento de habilidades Laborais. Treinamento para colocação no mercado de trabalho da área.	Acompanhamento dos processos.	Acompanhamento e suporte dos processos e suporte ao paciente e sua família	Adequações das vagas e funções. Promoção de discussões sobre inclusão.
Etapa III	Acompanhamento ativo da adaptação ao novo emprego (no local de trabalho) Implementação dos suportes/ apoios necessários.	Adaptação ao novo emprego Inclusão no grupo de Habilidades laborais			Preparar os suportes necessários para receber o funcionário.
Acompanhamento	Avaliação sistemática com a empresa e trabalhador Planejamento de novos suportes necessário ao trabalhador dentro da empresa após colocação Feedback sistemático a empresa, paciente, família e rede de apoio.	Auto avaliação sistemática, com vistas a melhorias em produtividade, habilidades sociais com os colegas de trabalho e desenvolvimento profissional			Escuta ativa nas avaliações e promoção de discussões sobre acessibilidade na empresa e desenho universal. Absorção de tecnologias assistidas quando necessária.

Fonte: a autora

RELATOS DE CASO DE ACOMPANHAMENTO PROFISSIONAL DO NEAP

A seguir serão apresentados relatos de casos de acompanhamento profissional do NEAP, aliados a opiniões dos próprios usuários.

Usuário 1	27 anos
	Paciente do Instituto Priorit desde 2021 Início no NEAP em julho de 2022
	Já tinha o Perfil Vocacional
Emprego	Assistente de Audiovisual num conglomerado de mídia e comunicação
Início na empresa	Agosto/2022

Como é ser usuário da metodologia do EA e paciente do NEAP?
Me ajudou de uma maneira muito significativa. No início, trabalhar em equipe era tenso porque não sabia fazer bem as tarefas, aos poucos fui me adaptando ao trabalho e também o trabalho foi se adaptando a mim, e o NEAP foi importante nisso.
O que o trabalho mudou em sua vida?
Mudou a forma de enxergar a vida, aumentou minha autoestima, a questão do autocontrole, consigo me frustrar um pouco menos, consigo ser pontual, percebi que trabalhar feriados e fins de semana não é um problema para mim, tenho um bom plano de saúde, tenho os benefícios de um trabalhador, esse ano pela primeira vez eu comemorei meu aniversário com parte da minha equipe e eu paguei com vale-refeição.
Quais são os seus planos para o futuro?
Primeira vez que vou tirar férias do trabalho e esperando mudar o horário para estudar, tenho de planos de fazer faculdade de Produção de Audiovisual.

Usuário 2	26 anos
	Paciente do Instituto Priorit desde 2018 Início no NEAP em outubro de 2021
	Construção do Perfil Vocacional no NEAP Já havia sido jovem aprendiz anteriormente
Emprego	Empresa no ramo de *casual dining*
Início na empresa	Julho/2022

Como é ser usuário da metodologia do EA e paciente do NEAP?

O NEAP me dá segurança, é meio que uma proteção, a gente não fica com medo de ser injustiçado.

O que o trabalho mudou em sua vida?

Amadurecimento, aumentou convivência social, tenho mais responsabilidade financeira, por exemplo, pago contas e ajudo no que posso em casa, estou juntando dinheiro, aprendi a ter mais paciência com as pessoas, meus pais começaram a me ver mais como adulto e menos como uma criança, aprendi a fazer minhas escolhas.

Quais são os seus planos para o futuro?

Pagar minhas dívidas e juntar dinheiro.

Usuário 3	26 anos
	Paciente do Instituto Priorit desde fevereiro de 2021 Início no NEAP em 2022
	Quando iniciou, já fazia faculdade de Ciências Biológicas com ênfase em Ecologia. Seu Perfil Vocacional indicava que sua intenção era trabalhar na área, mas, depois de algumas tentativas, surgiu uma vaga em uma empresa do ramo de *casual dining*, com as vantagens de oferecer possibilidade de customizar a vaga, de ser muito perto de sua casa e de ter escala de 3 vezes na semana, o que permitiria a ele continuar estudando. Após refletir por um tempo, concluiu que, apesar de não estar na sua área, seria importante para adquirir experiência e ganho financeiro
Emprego	Empresa no ramo de *casual dining*
Início na empresa	Julho/2022

Como é ser usuário da metodologia do EA e paciente do NEAP?

O NEAP abriu as portas para oportunidade de emprego, ele me dá sustentabilidade e apoio no trabalho; por exemplo, quando fazemos a avaliação, me sinto apoiado.

O que o trabalho mudou em sua vida?

Mudou a rotina, antes eu só estudava, financeiramente mudou meu patamar; por exemplo, faço tudo com meu dinheiro, também ganhei experiência, mudou a responsabilidade, minhas relações sociais estão ampliadas; por exemplo, levei ao jogo de futebol uma colega, ganhei maturidade, estou mais proativo, fiz amigos.

Quais são os seus planos para o futuro?

Estou juntando dinheiro para tirar minha carteira de habilitação, melhorar de função no trabalho, também quero fazer um intercâmbio e no futuro sair de casa.

Usuário 4	29 anos
	Paciente do Instituto Priorit desde 2008 Início no NEAP em fevereiro de 2023
	Formou-se em 2018 no curso superior de Ciências Contábeis. Trabalha, desde 2013, com o apoio do Priorit, na função de auxiliar administrativa, gosta do serviço que realiza, mas seu sonho de trabalho é outro. Veio para o NEAP para seguir carreira em dublagem
Emprego	Empresa no ramo de *casual dining*
Início na empresa	2013

Como é ser usuário da metodologia do EA e paciente do NEAP?

Gosto do serviço que faço, mas meu sonho de trabalho é outro. Vim para o NEAP para seguir carreira em dublagem e espero que o NEAP possa ajudar me dando apoio, abrindo caminhos e me ajudando com a equipe. Fiz curso de dublagem e teatro, tenho a DRT [registro profissional de ator na Delegacia Regional do Trabalho, necessário para trabalhar como dublador em estúdios], que é uma carteira que habilita atores e atrizes para dublagem e atuação.

O que o trabalho mudou em sua vida?

Mudou um pouco, a diferença agora é que eu trabalho. O que você acha que trabalhar em dublagem vai mudar na sua vida? Vai dar mais emoção, porque quando fiz o Pablo [a Usuária 4 trabalhou dublando o desenho Pablo *em 2019) me sentia mais livre, mais solta. Então acho que vou me sentir mais realizada.*

Quais são os seus planos para o futuro?

Dublar filmes, desenhos, séries. Quero emprestar minha voz a diversos personagens e também planejo morar sozinha.

Usuário 5	20 anos
	Paciente do Instituto Priorit desde 2008
	Início no NEAP na primeira fase do EA, em fevereiro de 2022 Terminou o ensino médio em 2020
Emprego	Empresa no ramo de *casual dining*
Início na empresa	Agosto/2022

Como é ser usuário da metodologia do EA e paciente do NEAP?

Quando tenho algum problema, me ajuda a lidar melhor com ele, quando é algo que eu não sei resolver, como, por exemplo, logo no início eu dormi no ônibus e passei do ponto, aí liguei para a Ana Paula e pedi ajuda. Ela me ajudou a pedir um Uber e me lembrou de avisar ao meu chefe que eu iria me atrasar.

O que o trabalho mudou em sua vida?

Fiquei um pouco mais independente, ganhei dinheiro, e dinheiro é bom, estou aprendendo aos poucos a lidar com dinheiro; por exemplo, no primeiro salário eu comprei um jogo do PlayStation 5, sendo que eu não tenho o console do PlayStation 5, mas eu vou ter. O trabalho me ajuda a me organizar.

Quais são os seus planos para o futuro?

Comprar o PS5, fazer tatuagem, fazer o curso de game design.

Usuário 6	37 anos
	Entrou no Priorit para ser do NEAP em junho de 2021
Emprego	Empresa no ramo da informática
Início na empresa	Dezembro/2021

Como é ser usuário da metodologia do EA e paciente do NEAP?

As pessoas com algum tipo de deficiência, pessoas especiais, têm uma dificuldade um pouco maior para entrar no mercado de trabalho. O emprego apoiado veio exatamente para isso, para inserir estas pessoas no mercado de trabalho. E para mim foi muito importante, porque eu consegui me desenvolver bem, amadurecer bem, o trabalho foi bem mais constante e consistente, principalmente.

O que o trabalho mudou em sua vida?

Nossa Senhora!!! Muita coisa, principalmente maturidade e aquela questão de você ter forças para trabalhar cada vez mais, você ter ímpeto, gostar de trabalhar, ainda mais onde eu estou, em que o pessoal te acolhe super bem. Então foi muito gratificante.

Quais são os seus planos para o futuro?

Crescer dentro da empresa. Estou ali há dois anos, e o que eu busco é virar um gestor, uma figura mais importante dentro da empresa.

Usuário 7	26 anos
	Entrou para o Priorit para ser paciente do NEAP em fevereiro de 2023
	Teve seu diagnóstico aos 24 anos
Emprego	Anteriormente, trabalhava numa empresa atuando dentro de sua formação acadêmica. Quando apresentou seu diagnóstico para a empresa, foi demitida. Hoje, trabalha como empreendedora e sócia de outro usuário do NEAP no ramo de design gráfico. Além disso, está começando um trabalho de *digital influencer* no tema Autismo

Como é ser usuário da metodologia do EA e paciente do NEAP?
Me dá confiança de saber que eu não estou lidando sozinha com o mercado de trabalho.
O que o trabalho mudou em sua vida?
Eu me sinto bem sabendo que sou capaz de ajudar outras pessoas como eu a conquistarem a sua independência.
Quais são os seus planos para o futuro?
Espero atingir meus sonhos e objetivos pessoais através do meu trabalho.

Usuário 8	27 anos
	Paciente do Instituto Priorit desde 2023, quando iniciou no NEAP
	Formado em Logística, nunca trabalhou; procurou o NEAP em busca do primeiro emprego
Emprego	Empresa no ramo de *casual dining*
Início na empresa	Maio/2023

Como é ser usuário da metodologia do EA e paciente do NEAP?
O NEAP orienta e apoia no caminho do trabalho. Sou formado na Faculdade de Logística na UNINTER, mas o meu primeiro trabalho foi o NEAP que me ajudou a conseguir. Eu gosto que o NEAP vai no trabalho, faz avaliação, dá sugestões e fala com os meus chefes.
O que o trabalho mudou em sua vida?
Estou trabalhando muito! Antes, não tinha emprego, só ficava em casa e só saía para a terapia. E, quando a pandemia começou, eu só fiquei em casa. Agora, no trabalho, eu acordo, tomo café, coloco a roupa e saio para trabalhar. Vou sozinho de ônibus. Eu gosto de trabalhar. Tenho amigos legais no trabalho. Almoço no trabalho e volto sozinho de ônibus. Às vezes, volto um pouco cansado, mas não é tão ruim assim. Fico cansado de tanto trabalhar. Os colegas do trabalho, o gerente e a proprietária são gente boa! Trabalho e escola são coisas diferentes. Agora que eu tenho o ensino superior completo, trabalhar é a melhor coisa. Me sinto bem trabalhando, produtivo, porque a vida não é só ficar em casa.
Quais são os seus planos para o futuro?
No futuro, quero uma vida melhor e que eu consiga sustentar a minha mãe e futura esposa e filhos, se eu tiver. Por isso, tenho que trabalhar.

	22 anos
Usuário 9	Paciente do Instituto Priorit desde 2008
	Início no NEAP em 2023

Emprego	Empresa no ramo de *casual dining*
Início na empresa	Agosto de 2023

Como é ser usuário da metodologia do EA e paciente do NEAP?

Eu aprecio muito a ajuda que o EA dá. Ele me dá apoio que me permite ter confiança em mim mesmo. Possibilitando que eu faça as coisas que eu não conseguiria sem ele.

O que o trabalho mudou em sua vida?

Ter mais interações com pessoas e ter acesso ao meu próprio dinheiro.

Quais são os seus planos para o futuro?

Espero formar conexões com pessoas e ter mais autonomia.

Usuário 10	26 anos
	Paciente do Instituto Priorit desde 2009
Emprego	Empresa multinacional brasileira no ramo de cosméticos, produtos de higiene e beleza
Início na empresa	2019

Como é ser usuário da metodologia do EA e paciente do NEAP?

O emprego apoiado me ajuda a ter mais paciência com os clientes, pois é uma fase muito difícil para mim, e está sendo uma dificuldade para lidar.

O que o trabalho mudou em sua vida?

Mudou pelo fato de eu fazer novas amizades com os meus colegas, e isto está sendo bem saudável.

Quais são os seus planos para o futuro?

Eu espero ter um futuro melhor, ter a minha casa um dia, e ter as minhas próprias regras.

Usuário 11	33 anos
	Paciente do Instituto Priorit desde 2017 Início no NEAP em fevereiro de 2023
	Pedagoga pela Universidade do Estado do Rio de Janeiro, mestre pela Universidade Federal Fluminense em Diversidade e Inclusão Trabalha num espaço multidisciplinar como psicopedagoga e, atualmente, está abrindo o seu próprio espaço

Como é ser usuário da metodologia do EA e paciente do NEAP?

O NEAP me ajuda muito, falando com a minha chefe e ajudando a me organizar.

	O que o trabalho mudou em sua vida?
	O trabalho é importante, porque senão eu fico sem fazer nada na vida.
	Quais são os seus planos para o futuro?
	Trabalhar no Priorit como psicopedagoga e passar num concurso público.

Usuário 12	19 anos
	Paciente do Instituto Priorit desde 2007 Início no NEAP em 2023
Emprego	Empreendedor e sócio de outro usuário do NEAP no ramo de design gráfico

Como é ser usuário da metodologia do EA e paciente do NEAP?

O NEAP ensinou várias coisas: conversar, desenhar personagens, aprender a ter sócia e dividir as coisas.

O que você faz no trabalho?

Eu adoro tudo. Só falta acabar os personagens, fazer uma melhoria neles, fazer as blusas e fazer eles [sic] virarem um desenho em um canal.

Quais são os seus planos para o futuro?

Meus planos são ótimos! Vou receber elogios, vender livros, canecas, DVDs... Todo mundo vai gostar dos personagens. E quem sabe eles vão para o Cartoon Network e *talvez outros canais também.*

Usuário 13	25 anos
	Paciente do Instituto Priorit desde 2018 Início no NEAP em 2023
	Formado pelas Faculdades Integradas Hélio Alonso em Cinema e Audiovisual
Emprego	Empresa do ramo de audiovisual

Como é ser usuário da metodologia do EA e paciente do NEAP?

O NEAP foi importante para que eu tomasse conta de mim mesmo para buscar a forma para lidar com o mundo do trabalho, conseguir oportunidades, conseguir algumas coisas a mais para mim. Foi importante para o meu amadurecimento, para analisar como é entrar no mercado, dialogar sobre questões que eu tenho, mas que geralmente não falo muito, e acho que, em geral, foi isso.

O que o trabalho mudou em sua vida?

Eu me sinto realizado, acho muito bacana agora poder trabalhar, poder realizar um pouco das minhas experiências. De vez em quando, como é de costume, eu fico com um pouco de ansiedade porque quero tentar manter um trabalho perfeito, e às vezes tenho dúvida de como fazer as coisas. Sei que posso aprendê-las e me sinto feliz aqui. Sinto que encontrei um local onde eu posso começar todas as minhas experiências e, quem sabe, isso seja importante para mim.

Quais são os seus planos para o futuro?

Eu espero que, estando no trabalho, garanta um pouco mais de experiência nos próximos anos, tentar utilizar parte das minhas habilidades, e até mesmo por conta de buscar um DRT na minha vida, para poder trabalhar nas áreas de dublagem, ou, quem sabe, um dia, poder participar como ator em algum programa. Eu tenho estas expectativas e espero que essas possibilidades ainda me levem a caminhos muito importantes nos próximos anos.

Usuário 14	20 anos
	Paciente do Instituto Priorit desde 2008 Início no NEAP em 2023
	Terminou o ensino médio em 2022

Como é ser usuário da metodologia do EA e paciente do NEAP?

Para mim, ser paciente do NEAP, eu sinto que, com a ajuda do NEAP, eu vou ter esperança de conquistar todos os meus objetivos, ter a minha própria renda para fazer o que eu mais desejar, desde que seja algo saudável.

O que o trabalho mudou em sua vida?

Eu espero que, quando eu comece a trabalhar, mude bastante minha vida, possa viajar e fazer amigos.

Quais são os seus planos para o futuro?

Eu espero que no meu futuro, depois que eu estiver trabalhando com o apoio do NEAP, eu espero realizar meu grande sonho de morar na Inglaterra e começar uma família por lá.

7

CONSIDERAÇÕES FINAIS

Esta pesquisa buscou investigar representações sociais de EA por consultores de EA que trabalham incluindo pessoas em situação de deficiência significativa, especificamente pessoas com deficiência intelectual em ambiente de trabalho, e as relações com suas práticas educativas.

Para alcançar os objetivos propostos, foi realizado um trabalho de investigação por meio de três instrumentos: inventário de práticas educativas, com 17 participantes; questionário de caracterização socioprofissional, com 26 participantes; e entrevista individual semiestruturada, com 12 participantes. Utilizou-se o banco de e-mails dos consultores associados à Associação Nacional de Emprego Apoiado, e foram sujeitos do estudo consultores que atuam na inclusão em ambiente de trabalho de pessoas em situação de deficiência significativa utilizando a metodologia do EA.

Durante a pesquisa de campo, algumas dificuldades foram enfrentadas, principalmente devido à pandemia da COVID-19, que, ainda na época da pesquisa, estava muito forte. Com isso, dois participantes precisaram cancelar a entrevista semiestruturada, um por estar contaminado pelo vírus e outro por ter membros da família que testaram positivo para COVID-19. Outros tiveram problemas com o link do Google Forms e responderam a um instrumento, mas não a outro.

O trabalho de campo durou cerca de dois meses. Após essa fase, teve início a organização dos dados coletados. Primeiro a transcrição das entrevistas semiestruturadas, depois uma leitura flutuante com pré-análise de conteúdo e análise de conteúdo com a modalidade de análise temática. Depois, partiu-se para a análise de dados do questionário de caracterização socioprofissional, que foi feita por meio de tabulação, utilizando-se a ferramenta Microsoft Excel; em seguida, foi feita a análise do inventário de práticas educativas, analisado quantitativamente. E, finalmente, uma hipótese representativa do núcleo figurativo da representação social de EA pelos consultores participantes do estudo.

Em relação ao objetivo específico de *analisar documentos legais relativos ao EA no Brasil*, um longo capítulo foi dedicado ao estudo. Contudo, na análise temática, percebe-se uma aclamação dos consultores por políticas públicas mais efetivas, como, por exemplo, uma urgência pela aprovação do projeto de lei que vai legitimar o EA e, por consequência, legitimar e valorizar a carreira do consultor, e por políticas orçamentárias para que um maior número de usuários possa usufruir do EA. A LBI e a Convenção sobre os Direitos das Pessoas com Deficiência foram apontadas como sendo de extrema relevância para o EA, pois, apesar de "tímidas" em relação ao EA, segundo alguns participantes da pesquisa, já sinalizam um avanço em relação ao direito do trabalhador, pois reconhecem a diversidade e a necessidade dos apoios. A Lei de Cotas também aparece de uma forma interligada ao EA, com enraizamento histórico-social que parece vir dos tempos da Oficina Protegida, e que, segundo os participantes, em alguns momentos atrapalha o uso das três fases da metodologia do EA.

Quanto a *identificar que informações os consultores de EA têm a respeito das práticas educativas de usuários da metodologia do EA em ambiente de trabalho e verificar, nas representações e nas práticas educativas de consultores, relações entre os modelos biomédico e biopsicossocial de EA*, aparentemente temos a mediação como a prática educativa mais expressiva nas falas da maioria dos participantes. Existem pistas de que o apoio/mediação é a forma concreta que os consultores têm de colocar em prática o modelo biopsicossocial, embora o modelo biomédico ainda apareça em algumas falas, sobretudo em relação ao cumprimento da Lei de Cotas, colocação de vagas sem análise da função ou sem levar em conta a identificação do perfil, dando indícios de possível integração-inclusão.

Sobre *analisar um inventário de práticas proposto aos sujeitos da pesquisa*, a análise de dados que procurou identificar o sentido e a intensidade apontou que as cinco práticas educativas que são mais utilizadas pelos consultores são: *acompanhar o usuário pós-colocação no emprego; criar estratégias específicas para cada usuário e assim colher informações importantes para identificar o perfil; compartilhar, com família e usuários, o planejamento e a tomada de decisões; oferecer apoio às empresas após a colocação; e oferecer apoio aos usuários após colocação.* Por outro lado, as cinco práticas menos utilizadas são: *fazer junto do usuário tarefas do dia a dia; utilizar estratégias de marketing para abordar empresas; gerar relatórios sistemáticos para a empresa; gerar relatórios sistemáticos para a família; e gerar relatórios sistemáticos para os usuários.*

Possivelmente, as representações sociais de EA por consultores de EA que trabalham incluindo pessoas em situação de deficiência significativa, especificamente pessoas com deficiência intelectual, em ambiente de trabalho, objetivam-se no "divisor de águas" e tratam o EA como um acontecimento importante que mudou o rumo da empregabilidade das pessoas em situação de deficiência mais significativa, auxiliando na passagem do modelo biomédico para o modelo biopsicossocial. Quanto à ancoragem, sugere-se estar no "caminho percorrido". O caminho do impossível para o possível, do dependente para o caminho da autonomia.

A tese a ser confirmada ou infirmada é de que a mudança de enfoque de um modelo biomédico para um modelo biopsicossocial pode ter provocado mudanças também no pensamento de pessoas envolvidas com EA, suscitando produção de significados que provavelmente incorporam significações novas às antigas. Esse processo pode resultar em um amálgama nas representações e nas práticas dos sujeitos, particularmente de consultores, que são o cerne deste estudo. Diante do exposto na pesquisa, a tese parece ter sido confirmada.

Assim sendo, sabemos que os resultados apresentados nesta pesquisa ainda não são definitivos, e sugerem algumas pistas, mas acreditamos que pode ser um ponto de partida para outros estudos, tanto para os que pesquisam o EA quanto para os que pesquisam outras metodologias de inclusão em ambiente de trabalho. Apesar de a metáfora "caminho" ou "percurso" não ser uma novidade na área da Educação, percebemos uma significativa diferença, pois, na visão de alguns consultores, esse "caminho" é construído pelo usuário por meio da mediação, sendo o consultor um condutor/apoiador nesse percurso, que não caminhará dentro dessa estrada, e sim ao largo dela, porquanto o caminho é traçado pela pessoa, numa relação não de verticalidade, mas sim de horizontalidade e parceria — diferentemente do que apontam alguns estudos sobre educação em que o educando está num estado de menor educação do que o do educador numa relação vertical. Dessa forma, esperamos ter contribuído de alguma maneira para conhecimentos e desenvolvimento do EA, e esperamos que o tema não se esgote neste livro, uma vez que muito ainda precisa ser pesquisado.

REFERÊNCIAS

ALMEIDA, M. C. **Saúde e reabilitação de pessoas com deficiência**: políticas e modelos assistenciais. 2000. Tese (Doutorado em Saúde Coletiva) – UNICAMP, Campinas, 2000.

ALMEIDA, A. M.; SOUZA SANTOS, M. F.; TRINDADE, Z. A. (org.). **Teoria das representações sociais**: 50 anos. Brasília: Technopolitik, 2011.

ALVES-MAZZOTTI, A. J. Representações sociais: aspectos teóricos e aplicações à educação. **Revista Múltiplas Leituras**, [*S.l.*], v. 1, n. 1, p. 18-43, jan./jun. 2008. Disponível em: https://www.metodista.br/revistas/revistasims/index.php/ML/article/view%20File/1169/1181. Acesso em: 6 jan. 2018.

ALVES-MAZZOTTI, A. J.; GEWANDSZNAJDER, F. **O método nas ciências naturais e sociais**: pesquisa quantitativa e qualitativa. São Paulo: Pioneira, 2000.

AMARAL, L. A. Sobre crocodilos e avestruzes: falando de diferenças físicas, preconceitos e sua superação. *In*: AQUINO, J. G. (org.). **Diferenças e preconceito na escola**: alternativas teóricas e práticas. São Paulo: Summus, 1998. p. 11-30.

AMERICAN ASSOCIATION ON INTELLECTUAL AND DEVELOPMENTAL DISABILITIES (AAIDD). **User's guide to accompany the 11th edition of Intellectual disability**: definition, classification, and systems of supports. [*S.l.*]: AAIDD, 2012.

ARANHA, M. S. F. Paradigmas da relação da sociedade com as pessoas com deficiência. **Revista do Ministério Público do Trabalho**, [*S.l.*], v. 11, p. 160-173, 2021. Disponível em: https://www.scielo.br/scielo.php?script=sci_nlinks&ref=000085&-pid=S1413-65382009000020000400003&lng=pt. Acesso em: 21 mar. 2021.

ARANHA, M. S. F. **Trabalho e emprego**: instrumento de construção da identidade pessoal e social. Brasília: Corde, 2003.

ARRUDA, Â. Teoria das representações sociais e teorias de gênero. **Cadernos de Pesquisa**, [*S.l.*], n. 117, dez. 2002. Disponível em: https://www.scielo.br/j/cp/a/T4NRbmqpmw7ky3sWhc7NYVb/?lang=pt. Acesso em: 2 abr. 2011.

ASOCIACIÓN ESPAÑOLA DE EMPLEO CON APOYO (AESE). Ciudad Real, [2020]. Disponível em: http://www.empleoconapoyo.org/aese/. Acesso em: 27 ago. 2020.

ASSOCIAÇÃO NACIONAL DO EMPREGO APOIADO (ANEA). [*S.l.*], [2021]. Disponível em: https://aneabrasil.org.br/. Acesso em: 21 mar. 2021.

ASSOCIATION OF PEOPLE SUPPORTING EMPLOYMENT FIRST (APSE). Rockville, Maryland, [2020]. Disponível em: https://apse.org/. Acesso em: 29 jun. 2020.

BACKER, P. **Gestão ambiental**: a administração verde. Rio de Janeiro: Qualitymark, 1995.

BARBOSA JÚNIOR, O. F. **O emprego apoiado na inclusão de pessoas com deficiência**: um estudo em organizações sociais no brasil. 2018. Tese (Doutorado) – Pontifícia Universidade Católica de Minas Gerais, Belo Horizonte, 2018.

BARBOSA JÚNIOR, O. F.; NUNES, S. C. Emprego apoiado: alternativa para a inclusão de pessoas com deficiência no mercado de trabalho. *In*: ENCONTRO DA ANPAD, 11., 2016. **Anais** [...]. p. 1-14. Disponível em: http://anpad.com.br/pt_br. Acesso em: 20 abr. 2020.

BARBOZA, F. B. **A Identidade e o papel do profissional de emprego apoiado**. 2019. Tese (Doutorado em Administração) – Pontifícia Universidade Católica de São Paulo, São Paulo, 2019.

BARBOZA, F. V.; JOÃO, B. N. Metodologia do emprego apoiado: estado atual e caminhos futuros da produção científica. **Revista Brasileira de Administração Científica**, [*S.l.*], v. 8, n. 2, p. 69-82, abr./jul. 2017. Disponível em: https://www.sustenere.co/index.php/rbadm/article/view/SPC2179-684X.2017.002.0005. Acesso em: 2 abr. 2011.

BARDIN, L. **Análise de conteúdo**. São Paulo: Edições 70, 2011.

BAUER, M. W.; GASKELL, G. **Pesquisa qualitativa com texto, imagem e som**: um manual prático. Petrópolis: Vozes, 2002.

BETTI, A. P. **Emprego apoiado**. São Paulo: agBook, 2011.

BETTI, A. P. Perspectivas do emprego apoiado: mudanças na forma de se pensar e conceber o acesso ao trabalho de pessoas com deficiência intelectual são necessárias e urgentes. *In*: PARANÁ. Secretaria de Educação. Departamento de Educação Especial. Atendimento Educacional Especializado – Escola Inclusiva. **Formação em ação**. [Curitiba]: AEE, 1 sem. 2017. Anexo 3, p. 2-8. Disponível em: http://www.educadores.diaadia.pr.gov.br/arquivos/File/formacao_acao/1semestre2017/fa2017_escolas_especializadas_anexo3.pdf. Acesso em: 20 abr. 2020.

BETTI, A. P. Perspectivas do emprego apoiado: mudanças na forma de se pensar e conceber o acesso ao trabalho de pessoas com deficiência intelectual são necessárias e urgentes. **Revista Deficiência Intelectual**, [*S.l.*], ano 4, n. 6, p. 12-16, jan./jun. 2014. Disponível em: http://www.apaesp.org.br/pt-br/sobre-deficiencia-intelectual/publicacoes/PublishingImages/revista-di/artigos_pdf/DI-N6. Acesso em: 3 out. 2019.

BEZERRA, S. S.; VIEIRA, M. M. F. Pessoa com deficiência intelectual: a nova "ralé" das organizações do trabalho. **Revista de Administração de Empresas**, São Paulo, v. 52, n. 2, p. 232-244, mar./abr. 2012. Disponível em: https://rae.fgv.br/sites/rae.fgv.br/files/artigos/10.1590_s0034-75902012000200009_0.pdf. Acesso em: 22 mar. 2021.

BIANCHETTI, L.; FREIRE, I. M. **Um olhar sobre a diferença**: interação, trabalho e cidadania. São Paulo: Papirus, 2017.

BISOL, C. A.; PEGORINI, N. N.; VALENTINI, C. B. Pensar a deficiência a partir dos modelos médico, social e pós-social. **Caderno de Pesquisa**, [*S.l.*], v. 24, n. 1, jan./abr. 2017. DOI 10.18764/2178-2229.v24n1p87-100.

BONICI, R. M. C.; ARAÚJO JR., C. F. **Medindo a satisfação dos estudantes em relação a disciplina on-line de Probabilidade e Estatística**. São Paulo: [*s.n.*], abr. 2011. Disponível em: http://www.abed.org.br/congresso2011/cd/190.pdf. Acesso em: 15 jan. 2021.

BRASIL. Câmara dos Deputados. **PL 6159/2019**. Brasília: Câmara dos Deputados, 2019a. Disponível em: https://www.camara.leg.br/proposicoesWeb/fichadetramitacao?idProposicao=2230632. Acesso em: 11 ago. 2023.

BRASIL. Câmara dos Deputados. Projeto de Lei nº 2.190, de 2019 (Da Sra. Maria Rosas). Dispõe sobre o Emprego Apoiado. **Diário da Câmara dos Deputados**, Brasília, n. 637, p. 637-645, maio 2019b. Disponível em: http://imagem.camara.gov.br/Imagem/d/pdf/DCD00201905080000720000.PDF#page=637. Acesso em: 13 out. 2019.

BRASIL. [Constituição (1988)]. **Constituição da República Federativa do Brasil de 1988**. Brasília: Presidência da República, 1988. Disponível em: http://www.planalto.gov.br/ccivil_03/constituicao/ConstituicaoCompilado.htm. Acesso em: 15 maio 2018.

BRASIL. **Decreto nº 129, de 22 de maio de 1991**. Promulga a Convenção nº 159, da Organização Internacional do Trabalho - OIT, sobre Reabilitação Profissional e Emprego de Pessoas Deficientes. Brasília: Presidência da República, 1991a. Disponível em: https://www.planalto.gov.br/ccivil_03/decreto/1990-1994/d0129.htm#textoimpressao. Acesso em: 11 ago. 2023.

BRASIL. **Decreto nº 3.298, de 20 de dezembro de 1999.** Regulamenta a Lei nº 7853, de 24 de outubro de 1989, que dispõe sobre a Política Nacional para a Integração da Pessoa Portadora de Deficiência, consolida as normas de proteção e dá outras providências. Brasília: Presidência da República, 1999. Disponível em: http://www.planalto.gov.br/ccivil_03/decreto/d3298.htm. Acesso em: 9 jan. 2017.

BRASIL. **Decreto nº 3.691, de 19 de dezembro de 2000.** Regulamenta a Lei nº 8.899, de 29 de junho de 1994, que dispõe sobre o transporte de pessoas portadoras de deficiência no sistema de transporte coletivo interestadual. Brasília: Presidência da República, 2000a. Disponível em: http://www.planalto.gov.br/ccivil_03/decreto/d3691.htm. Acesso em: 11 jan. 2017.

BRASIL. **Decreto nº 5.296, de 2 de dezembro de 2004.** Regulamenta as Leis nos 10.048, de 8 de novembro de 2000, que dá prioridade de atendimento às pessoas que especifica, e 10.098, de 19 de dezembro de 2000, que estabelece normas gerais e critérios básicos para a promoção da acessibilidade das pessoas portadoras de deficiência ou com mobilidade reduzida, e dá outras providências. Brasília: Presidência da República, 2004. Disponível em: http://www.planalto.gov.br/ccivil_03/_ato2004-006/2004/decreto/D5296.htm. Acesso em: 11 jan. 2018.

BRASIL. **Decreto nº 6.949, de 25 de agosto de 2009.** Promulga a Convenção Internacional sobre os Direitos das Pessoas com Deficiência e seu Protocolo Facultativo, assinados em Nova York, em 30 de março de 2007. Brasília: Presidência da República, 2009. Disponível em: https://www.planalto.gov.br/ccivil_03/_ato2007-2010/2009/decreto/d6949.htm. Acesso em: 11 ago. 2023.

BRASIL. **Decreto nº 62.150, de 19 de janeiro de 1968.** Promulga a Convenção nº 111 da OIT sôbre discriminação em matéria de emprêgo e profissão. Brasília: Presidência da República, 1968. Disponível em: https://www.planalto.gov.br/ccivil_03/decreto/1950-1969/d62150.htm. Acesso em: 11 ago. 2023.

BRASIL. **Lei nº 7.853 de 24 de outubro de 1989.** Dispõe sobre o apoio às pessoas portadoras de deficiência, sua integração social, sobre a Coordenadoria Nacional para Integração da Pessoa Portadora de Deficiência - Corde, institui a tutela jurisdicional de interesses coletivos ou difusos dessas pessoas, disciplina a atuação do Ministério Público, define crimes, e dá outras providências. Brasília: Presidência da República, 1989. Disponível em: http://www.planalto.gov.br/CCIVIL_03/leis/L7853.htm. Acesso em: 20 fev. 2018.

BRASIL. **Lei nº 8.112, de 11 de dezembro de 1990**. Dispõe sobre o regime jurídico dos servidores públicos civis da União, das autarquias e das fundações públicas federais. Brasília: Presidência da República, 1990. Disponível em: http://www.planalto.gov.br/ccivil_03/LEIS/L8112cons.htm. Acesso em: 15 jan. 2020.

BRASIL. **Lei nº 8.213, de 24 de julho de 1991**. Dispõe sobre os Planos de Benefícios da Previdência Social e dá outras providências. Brasília: Presidência da República, 1991b. Disponível em: http://www. planalto.gov.br/ccivil_03/leis/L8213cons.htm. Acesso em: 13 jan. 2017.

BRASIL. **Lei nº 8.899, de 29 de junho de 1994**. Concede passe livre às pessoas portadoras de deficiência no sistema de transporte coletivo interestadual. Brasília: Presidência da República, 1994. Disponível em: http://www.jusbrasil.com.br/busca?q=Lei+8899+%2F94. Acesso em: 11 jan. 2017.

BRASIL. **Lei nº 9.394, de 20 de dezembro de 1996**. Estabelece as diretrizes e bases da educação nacional. Brasília: Presidência da República, 1996. Disponível em: http://www.planalto.gov.br/ccivil_03/leis/l9394.htm. Acesso em: 11 jan. 2017.

BRASIL. **Lei nº 10.098, de 19 de dezembro de 2000**. Estabelece normas gerais e critérios básicos para a promoção da acessibilidade das pessoas portadoras de deficiência ou com mobilidade reduzida, e dá outras providências. Brasília: Presidência da República, 2000b. Disponível em: http://www.planalto.gov.br/ccivil_03/leis/L10098.htm. Acesso em: 11 jan. 2017.

BRASIL. **Lei nº 13.146, de 6 de julho de 2015**. Institui a Lei Brasileira de Inclusão da Pessoa com Deficiência (Estatuto da Pessoa com Deficiência). Brasília: Presidência da República, 2015. Disponível em: http://www.planalto.gov.br/ccivil_03/_ato20152018/2015/Lei/L13146.htm. Acesso em: 14 jan. 2018.

BRASIL. Ministério do Trabalho e Emprego. **Cadastro Geral de Empregados e Desempregados (CAGED)**. [Brasília]: MTE, 3 out. 2018. Disponível em: http://portalfat.mte.gov.br/programas-e-acoes-2/caged-3/. Acesso em: 23 jul. 2018.

BRASIL. Ministério do Trabalho e Emprego. **Relação Anual de Informações Sociais (RAIS)**. [Brasília]: MTE, [2020]. Disponível em: http://www.rais.gov.br/sitio/index.jsf. Acesso em: 22 fev. 2020.

CAMPOS, P. H. A abordagem estrutural e o estudo das relações entre práticas e representações sociais. *In*: CAMPOS, P. H. F.; LOUREIRO, M. C. da S. (org.). **Representações sociais e práticas educativas**. Goiânia: UCG, 2003. p. 21-36.

CAMPOS, P. H. O estudo da ancoragem das representações sociais e o campo da educação. **Revista de Educação Pública**, Cuiabá, v. 26, n. 63, p. 775-797, 2017. Disponível em: https://periodicoscientificos.ufmt.br/ojs/index.php/educacaopublica. Acesso em: 26 jul. 2021.

CAMPOS, P. H. Quando a exclusão se torna objeto de representação social. *In*: MOREIRA, A. S. P. (org.). **Representações sociais**: teoria e prática. João Pessoa: Ed. Universitária, 2001. p. 103-121. Disponível em: http://www.scielo.br/scielo.php?script=sci_nlinks&ref=000139&pid=S1413-7372200400030000400003&lng=en. Acesso em: 26 jul. 2021.

CAMPOS, P. H. Representações sociais, risco e vulnerabilidade. Representação da saúde: abordagens contemporâneas. **Tempus**: Actas de Saúde Coletiva, [*S.l.*], v. 6, n. 3, p. 14-21, 2012. Disponível em: https://www.tempusactas.unb.br/index.php/tempus. Acesso em: 26 jul. 2021.

CARVALHO, A. C. **Plano individual para a vida adulta para pessoas com deficiência intelectual**. 2018. Dissertação (Mestrado Profissional em Diversidade e Inclusão) – Universidade Federal Fluminense, Niterói, 2018.

CASTEL, R. **As metamorfoses da questão social**: uma crônica do salário. 12. ed. Petrópolis: Vozes, 2015.

CASTRO, L. R. de. **Adaptações no ambiente de trabalho de pessoas com síndrome de Down**: análise do comportamento e emprego apoiado. Dissertação (Mestrado em Análise do Comportamento Aplicada) – Paradigma Centro de Ciências e Tecnologia do Comportamento, São Paulo, 2017.

CÉZAR, K. R. **As pessoas com deficiência intelectual e o direito à inclusão no trabalho**: a efetividade da Lei de Cotas. Dissertação (Mestrado em Direito) – Universidade de São Paulo, São Paulo, 2010. Disponível em: http://www.teses.usp.br/teses/disponiveis/2/2138/tde-01082011-090820/en.php. Acesso em: 11 jan. 2020.

CÉZAR, K. R. **Pessoas com deficiência Intelectual**: inclusão trabalhista. Lei de Cotas. São Paulo: LTr, 2012.

COELHO, V. P.; ORNELAS, J. Os contributos do emprego apoiado para a integração das pessoas com doença mental. **Análise Psicológica**, [*S.l.*], v. 28, p. 465-478,

2010. Disponível em: http://publicacoes.ispa.pt/index.php/ap/article/. Acesso em: 7 maio 2018.

COKER, C. C.; OSGOOD, K.; CLOUSE, K. R. **A comparison of job satisfaction and economic benefits of four different employment models**. Wisconsin: University of Wisconsin-Stout, 1995. Disponível em: https://link.springer.com/chapter/10.1007/0-306-47893-5_28. Acesso em: 22 fev. 2018.

CONVENÇÃO sobre os Direitos das Pessoas com Deficiência. 4. ed. rev. e atual. Brasília: Secretaria de Direitos Humanos/Secretaria Nacional de Promoção dos Direitos da Pessoa com Deficiência, 2012. Disponível em: http://portal.mec.gov.br/index.php?option=com_docman&view=download&alias. Acesso em: 22 fev. 2018.

COUTINHO, K. S.; RODRIGUES, G. F.; PASSERINO, L. M. O trabalho de colaboradores com deficiência nas empresas: com a voz os gestores de recursos humanos. **Revista Brasileira de Educação Especial**, [*S.l.*], v. 23, n. 2, p. 261-278, abr./jun. 2017. Disponível em: https://www.lume.ufrgs.br/bitstream/handle/10183/173482/001056833.pdf?sequence=1. Acesso em: 15 jan. 2020.

CUNHA, A. E. **Representações sociais de professores acerca da inclusão escolar**: elementos para uma discussão das práticas de ensino. 2015. Tese (Doutorado em Educação) – Universidade Estácio de Sá, Rio de Janeiro, 2015.

DELGADO-GARCIA, J. C.; PASSONI, I. A relação do emprego apoiado com a qualidade de vida das pessoas com deficiência: efeitos baseados em evidências. *In*: ITS BRASIL (org.). **Emprego apoiado e qualidade de vida**: como se faz. São Paulo: ITS Brasil, 2017. p. 12-31. Disponível em: tsbrasil.org.br/2018/09/04/emprego-apoiado-e-qualidade-de-vida. Acesso em: 10 ago. 2021.

DESCHAMPS, J. C.; MOLINER, Pascal. **A identidade em psicologia social**: dos processos identitários às representações sociais. Tradução de Lúcia M. Endlich Orth. Petrópolis: Vozes, 2014.

DINIZ, D.; BARBOSA, L.; SANTOS, W. R. Deficiência, direitos humanos e justiça. **Sur**: Revista Internacional de Direitos Humanos, São Paulo, v. 6, n. 11, p. 65-77, 2009. Disponível em: https://www.scielo.br/pdf/sur/v6n11/04.pdf. Acesso em: 15 jan. 2021.

DUARTE, C. S. Direito público subjetivo e políticas educacionais. **São Paulo em Perspectiva**, [*S.l.*], v. 18, n. 2, p. 113-118, abr./jun. 2004. Disponível em: https://www.scielo.br/pdf/spp/v18n2/a12v18n2.pdf. Acesso em: 15 jan. 2020.

EUROPEAN UNION OF SUPPORTED EMPLOYMENT (EUSE). [*S.l.*], [2021]. Disponível em: http://www.euse.org/. Acesso em: 7 mar. 2021.

FERRAZ, A. **Emprego apoiado**: trabalho para todos com a promoção da inclusão. Entrevistado: Romeu Sassaki. Campinas: Fundação FEAC, 20 dez. 2019. Disponível em: https://feac.org.br/emprego-apoiado-trabalho-para-todos-com-a-promocao--da-inclusao/#:~:text=%E2%80%9CA%20coloca%C3%A7%C3%A3o%20de%20pessoas%20com,a%20metodologia%20tradicional%20n%C3%A3o%20funcionava. Acesso em: 11 ago. 2023.

FIGUEIREDO, A. C. M.; RIGHINI J. B.; BARBOSA JÚNIOR, A. Diálogos aprofundados sobre os direitos das pessoas com deficiência: *In*: GUGEL, M. A. (org.). **Emprego apoiado**: um método que promove a inclusão de pessoas com deficiência no mundo do trabalho. [*S.l.*]: Instituto do Direito do Trabalho, 2019.

FLAMENT, C. Pratiques sociales et dynamique des représentations. *In*: MOLINER, P. (org.). **La dynamique des représentations sociales**: pourquoi et comment les représentations se transforment-elles? Grenoble: Presses Universitaires de Grenoble, 2001. p. 43-58.

FRANCO, M. L. P. Representações sociais, ideologia e desenvolvimento para a consciência. **Cadernos de Pesquisa**, [*S.l.*], v. 34, n. 121, jan./abr. 2004. Disponível em: https://www.scielo.br/j/cp/a/Lng4HFC8fGVLmWxzDrTWCCs/?format=pdf&lang=pt. Acesso em: 29 ago. 2021.

FREIRE, P. **Educação como prática da liberdade**. Rio de Janeiro: Paz e Terra, 2009.

GAMBOA, S. S. Quantidade-qualidade: para além de um dualismo técnico e de uma dicotomia epistemológica. *In*: SANTOS FILHO, J. C.; GAMBOA, S. S. **Pesquisa educacional**: quantidade-qualidade. 6. ed. São Paulo: Cortez, 2007. p. 84-110.

GARDOU, C. Quais os contributos da Antropologia para a compreensão das situações de deficiência? **Revista Lusófona de Educação**, [*S.l.*], v. 8, n. 8, 2016. Disponível em: https://recil.grupolusofona.pt/bitstream/10437/1454/1/Educacao08_gardou.pdf. Acesso em: 30 ago. 2021.

GENELIOUX, M. M. **Emprego apoiado e satisfação**: a perspectiva de pessoas integradas em mercado competitivo de trabalho. Lisboa: Secretariado Nacional para a Reabilitação e Integração das Pessoas com Deficiência, 2005.

GILLY, M. As representações sociais no campo da educação. *In*: JODELET, D. (org.). **As representações sociais**. Rio de Janeiro: EdUERJ, 2001.

GOFFMAN, E. **Estigma**: notas sobre a manipulação da identidade deteriorada. Rio de Janeiro: Zahar, 1963.

GOFFMAN, E. **Manicômios, prisões e conventos**. São Paulo: Perspectiva, 1999.

GUGEL, M. A. (org.). **Diálogos aprofundados sobre os direitos das pessoas com deficiência**: a pessoa com deficiência refletida nas normas, nas internacionais, nas leis e de como a sociedade evolui. [S.l.]: Instituto do Direito do Trabalho, 2019.

HAMMES, I. C.; NUERNBERG, A. H. A inclusão de pessoas com deficiência no contexto do trabalho em Florianópolis: relato de experiência no Sistema Nacional de Emprego. **Psicologia**: Ciência e Profissão, [S.l.], v. 35, n. 3, p. 768-780, 2015. Disponível em: https://www.scielo.br/pdf/pcp/v35n3/1982-3703-pcp-35-3-0768.pdf. Acesso em: 22 fev. 2021.

HERRÁN, A. La mediación laboral con personas con discapacidad intelectual. *In*: BADESA S. M. (org.). **Formación para la inclusión laboral de personas con discapacidad intelectual**. Madrid: Pirámide, 2010.

INSTITUTO BRASILEIRO DE GEOGRAFIA E ESTATÍSTICA (IBGE). **Censo demográfico 2010**. Rio de Janeiro: IBGE, 2011. Disponível em: https://biblioteca.ibge.gov.br/. Acesso em: 22 fev. 2021.

IVATIUK, A. L.; PIZÃO YOSHIDA, E. M. Orientação profissional de pessoas com deficiências: revisão de literatura (2000-2009). **Revista Brasileira de Orientação Profissional**, [S.l.], v. 11, n. 1, 2010. Disponível em: http://pepsic.bvsalud.org/scielo.php?script=sci_arttext&pid=S1679-33902010000100010. Acesso em: 29 ago. 2021.

JENARO, C. *et al.* Cross-cultural study of person-centered quality of life domains and indicators: a replication. **Journal of Intellectual Disability Research**, [S.l.], v. 49, p. 734-739, 2005. Dísponível em: https://pubmed.ncbi.nlm.nih.gov/16162118/. Acesso em: 22 fev. 2018.

JESUÍNO, J. C. Um conceito reencontrado. *In*: ALMEIDA, A. M.; SOUZA SAN-TOS, M. F.; TRINDADE, Z. A. (org.). **Teoria das representações sociais**: 50 anos. Brasília: Technopolitik, 2011. p. 33-57.

JODELET, D. **Folies et représentations sociales**. Paris: Presses Universitaires de France, 1989.

JODELET, D. (org.). **Representações sociais**. Rio de Janeiro: EdUERJ, 2001.

LANCILLOTTI, S. S. P. **Deficiência e trabalho**: redimensionando o singular no contexto universal. Campinas: Autores Associados, 2003.

LEPRI, C. **Viajantes inesperados**: notas sobre a inclusão social das pessoas com deficiência. Campinas: Saberes, 2012.

LIBÂNEO, J. C.; OLIVEIRA, J. F.; TOSCHI, M. S. **Educação escolar**: políticas estrutura e organização. 2. ed. São Paulo: Cortez, 2005. (Coleção Docência em Formação).

LIMA, R. C. P.; CAMPOS, P. H. F. Núcleo figurativo da representação social: contribuições para a educação. **Educação em Revista**, n. 36, p. 2-22, 2020. Disponível em: file:///C:/Users/anapa/Downloads/Educa%C3%A7%C3%A3o%20 em%20Revista_1982-6621-edur-36-e206886%20(1).pdf. Acesso em: 22 ago. 2021.

LIMA, R. C. P.; SANTOS, I. S. Representações sociais e práticas em escola de ensino fundamental: efeitos da Unidade de Polícia Pacificadora (UPP) no Rio de Janeiro. **Revista Psicologia e Saber Social**, [S.l.], p. 67-86, 2017. Disponível em: https://www.e-publicacoes.uerj.br/index.php/psi-sabersocial/article/view/30666/21813. Acesso em: 22 ago. 2021.

LO MONACO, G. *et al.* Using black sheep effect to reveal normative stakes: the example of alcohol drinking contexts. **European Journal of Social Psychology**, [S.l.], v. 41, n. 1, p. 1-5, 2011. Disponível em: https://psycnet.apa.org/record/2011-04404-001. Acesso em: 29 jun. 2019.

LOBATO, B. C. **Pessoas com deficiência no mercado de trabalho**: implicações da Lei de Cotas. 2009. Dissertação (Mestrado em Educação) – Universidade Federal de São Carlos, São Carlos, 2009.

LOPES, E. Sala de recursos no processo de inclusão do aluno com deficiência intelectual na percepção dos professores. **Revista Brasileira de Educação Especial**, Marília, v. 18, n. 3, p. 487-506, 2012. Disponível em: https://www.researchgate.net/publication/275564673_Sala_de_recursos_no_processo_de_inclusao_do_aluno_com_deficiencia_intelectual_na_percepcao_dos_professores. Acesso em: 25 mar. 2021.

LOPES, T. J. As Representações sociais e a educação. **Revista do 11. Congresso Nacional de Educação**, [S.l.], p. 25.157-25.168, 2013. Disponível em: https://educere.bruc.com.br/CD2013/pdf/9077_6744.pdf. Acesso em: 25 mar. 2021.

LUNARDI, M. L. Inclusão/exclusão: duas faces da mesma moeda. **Revista Educação Especial**, [*S.l.*], v. 18, 2001. Disponível em: https://periodicos.ufsm.br/educacaoespecial/article/view/5181. Acesso em: 3 fev. 2019.

MACHADO, L. B.; ALBUQUERQUE, E. R. Inclusão de alunos com deficiência na escola pública: as representações sociais de professores. Revista Diálogo Educacional, [*S.l.*], v. 12, n. 37, p. 1.085-1.104, 2012. Disponível em: psic.bvsalud.org/scielo.php?script=sci_nlinks&ref=3349712&pid=S1415-711X2. Acesso em: 20 fev. 2021.

MANFREDINI, A. M.; BARBOSA, M. A. Diferença e igualdade: o consumidor com Deficiência. **R. Dir. Gar. Fund.**, Vitória, v. 17, n. 1, p. 91-110, jan./jun. 2016. Disponível em: file:///C:/Users/anapa/Downloads/Dialnet-DiferencaEIgualdade-5662356.pdf. Acesso em: 31 jul. 2021.

MANTOAN, M. T. E. **Inclusão escolar**: o que é? Por quê? Como fazer? São Paulo: Summus, 2015. (Coleção Novas Arquiteturas Pedagógicas).

MARTINS, J. S. **Exclusão**: a nova desigualdade social. São Paulo: Vozes, 1997.

MASCARO, C. A. A. C. **Inclusão e profissionalização do aluno com deficiência intelectual**. Curitiba: Appris, 2016.

MASSON, M. J. B. **Educação e trabalho**: a constituição do trabalhador deficiente intelectual. Dissertação (Mestrado) – Universidade Metodista de Piracicaba, Piracicaba, 2009.

MATOS, N. R. V. de. **Emprego apoiado**: uma análise psicossocial da inclusão da pessoa com deficiência no mercado de trabalho. São Paulo: PUC-SP, 2013.

MAZZOTTA, M. J. S. **Educação escolar**: comum ou especial. São Paulo: Pioneira, 1996.

MAZZOTTI, T. B. A metáfora percurso no debate sobre políticas educacionais no Brasil contemporâneo. *In*: VALE, J. M. F. *et al.* (org.). **Escola pública e sociedade**. São Paulo: Saraiva, 2002.

MENDES, E. G. Breve histórico da educação especial no Brasil. **Revista Educación y Pedagogía**, [*S.l.*], v. 22, n. 57, 2011. Disponível em: file:///C:/Users/anapa/Downloads/9842-Texto%20del%20art_culo-28490-3-10-20210505.pdf. Acesso em: 22 abr. 2020.

MINAYO, M. C. S. **O desafio do conhecimento**: pesquisa qualitativa em saúde. São Paulo: Hucitec, 2007.

MOLINER, P. (org.). **La dynamique des représentations sociales**: pourquoi et comment les représentations se transforment-elles? Grenoble: Presses Universitaires de Grenoble, 2001.

MORRISON, C. **Don't let the shift to remote work sabotage your inclusion initiatives**. [S.l.]: i4cp, Mar. 31, 2020. Disponível em: https://www.i4cp.com/coronavirus/dont-let-the-shift-to-remote-work-sabotage-your-inclusion-initiatives. Acesso em: 11 ago. 2023.

MOSCOVICI, S. **A psicanálise, sua imagem, seu público**. Petrópolis: Vozes, 2012.

MOSCOVICI, S. **La psychanalyse, son image et son public**. Paris: Presses Universitaires de France, 1961. Disponível em: http://pepsic.bvsalud.org/scielo.php?script=sci_nlinks&ref=3070087&pid=S1413-389X. Acesso em: 15 jan. 2020.

MOSCOVICI, S. **Representações sociais**: investigações em psicologia social. 7. ed. Petrópolis: Vozes, 2010.

NAIFF, L. A. M.; NAIFF, D. G. M. Educação de jovens e adultos em uma análise psicossocial: representações e práticas sociais. **Psicologia & Sociedade**, [S.l.], 2008. Disponível em: https://www.scielo.br/j/psoc/a/XnTp5cv8VTpsfg4PqRpfvdS/?lang=pt. Acesso em: 22 fev. 2020.

NERI, M.; CARVALHO, A. P.; COSTILLA, H. G. **Política de cotas e inclusão trabalhista das pessoas com deficiência**. [S.l.: s.n.], 2002. Disponível em: http://www.bndes.gov.br/SiteBNDES/export/sites/default/bndes_pt/Galerias/Arquivos/bf_bancos/e0002351.pdf. Acesso em: 12 jun. 2018.

ORGANIZAÇÃO INTERNACIONAL DO TRABALHO (OIT). Secretaria Internacional do Trabalho. **Gestão de questões relativas à deficiência no local de trabalho**: repertório de recomendações práticas da OIT. Tradução de Edilson Alkmin Cunha. Revisão técnica de João Baptista Cintra Ribas. Brasília: OIT, 2006. Disponível em: https://www.ilo.org/wcmsp5/groups/public/---americas/---ro--lima/---ilo-brasilia/documents/publication/wcms_226252.pdf. Acesso em: 23 jun. 2018.

OMOTE, S. Inclusão escolar e social: a ética entre o estigma e a inclusão. *In*: MARTINS, L. A. R.; PIRES, G. N. L.; PIRES, J. (org.). **Inclusão escolar e social**: novos contextos, novos aportes. Natal: EDUFRN, 2012. p. 39-54.

OMOTE, S. **Temas em educação especial**. São Carlos: UFSCar, 1990.

ORGANIZAÇÃO DAS NAÇÕES UNIDAS (ONU). **Carta das Nações Unidas**. [São Francisco, EUA]: ONU, 1945. Disponível em: https://brasil.un.org/sites/default/files/2022-05/Carta-ONU.pdf. Acesso em: 11 ago. 2023.

PAIXÃO, K. M. G. **Mediação pedagógica e deficiência intelectual**: em cena a linguagem escrita. 2018. Tese (Doutorado em Educação) – Universidade Estadual Paulista "Júlio de Mesquita Filho", 2018. Disponível em: https://repositorio.unesp.br/bitstream/handle/114 49/153388/paixao_kmg_dr_mar.pdf?sequence=3. Acesso em: 23 jun. 2018.

PALACIOS, A.; ROMAÑACH, J. **El modelo de la diversidad**: la bioética y los derechos humanos como herramientas para alcanzar la plena dignidad en la diversidad funcional. Madrid: Diversitas, 2007.

PAUGAM, S. **Desqualificação social**: ensaio sobre a nova pobreza. São Paulo: EDUC; Cortez, 2003.

PAUGAM, S. O enfraquecimento e a ruptura dos vínculos sociais: uma dimensão essencial do processo de desqualificação social. *In*: SAWAIA, B. **As artimanhas da exclusão**: análise psicossocial e ética da desigualdade social. Petrópolis: Vozes, 2013.

PEREIRA, A. C. C. **Inclusão de pessoas com deficiência no trabalho e o movimento da cultura organizacional**: análise multifacetada de uma organização. Porto Alegre: UFRGS, 2011.

PEREIRA, C. S.; DEL PRETTE, A.; DEL PRETTE, Z. A. Qual o significado do trabalho para as pessoas com e sem deficiência física? **PsicoUSF**, [S.l.], v. 13, n. 1, p. 105-114, 2008. Disponível em: https://www.scielo.br/pdf/pusf/v13n1/v13n1a13.pdf. Acesso em: 23 jun. 2018.

PEREIRA-SILVA, N. L.; FURTADO, A. V. Inclusão no trabalho: a vivência de pessoas com deficiência intelectual. **Interação em Psicologia**, [S.l.], v. 16, n. 1, p. 95-100, 2012.

PIERMATTÉO, A.; GUIMELLI, C. Expression de la zone muette des représentations sociales en situation d'entretien et structure discursive: une étude exploratoire. **Les Cahiers Internationaux de Psychologie Sociale**, Liège, v. 2, n. 94, p. 223-247, 2012.

PIZZIO, A. Desqualificação social: uma análise teórico conceitual. **Revista Mal-Estar e Subjetividade**, Fortaleza, v. 9, n. 1, p. 209-232, mar. 2009. Disponível em: http://pepsic.bvsalud.org/pdf/malestar/v9n1/09.pdf. Acesso em: 15 jan. 2020.

PLETSCH, M. D. **Repensando a inclusão escolar de pessoas com deficiência mental**: diretrizes políticas, currículo e práticas pedagógicas. 2009. Tese (Doutorado em Educação) – Universidade do Estado do Rio de Janeiro, Rio de Janeiro, 2009.

RATEAU, P. *et al.* Social representation theory. *In*: VAN LANGE, P. A. M.; KRUGLANSKI, A. W.; HIGGING, E. T. (ed.). **The handbook of theories of social psychology**. Los Angeles: SAGE, 2012. p. 477-497.

REDIG, A. G. **Inclusão de jovens com deficiência intelectual em atividades laborais**: customização do trabalho. 2014. Tese (Doutorado em Educação) – Universidade do Estado do Rio de Janeiro, 2014.

REDIG, A. G. **Inserção laboral de jovens e adultos com deficiência intelectual**. Curitiba: Appris, 2016.

REDIG, A. G.; GLAT, R. Programa educacional especializado para capacitação e inclusão no trabalho de pessoas com deficiência intelectual. **Ensaio**: Avaliação e Políticas Públicas em Educação, [*S.l.*], v. 25, n. 95, p. 330-355, abr./jun. 2017. Disponível em: https://www.scielo.br/pdf/ensaio/v25n95/1809-4465-ensaio-S0104-40362017002500869.pdf. Acesso em: 7 mar. 2019.

ROSS, P. R. Educação e trabalho: a conquista da diversidade ante as políticas neoliberais. *In*: BIANCHETTI, L.; FREIRE, I. M. (org.). **Um olhar sobre a diferença**: interação, trabalho e cidadania. 2. ed. Campinas: Papirus, 1998. p. 53-110.

ROSS, P. R. Estado e educação: implicações do liberalismo sobre a constituição da educação especial e inclusiva. **Educar**, Curitiba, n. 19, p. 217-227, 2002. Disponível em: https://core.ac.uk/download/pdf/207242501.pdf. Acesso em: 14 jul. 2019.

ROUQUETTE, M.-L. Representações e práticas sociais: alguns elementos teóricos. *In*: MOREIRA, A. S. P.; OLIVEIRA, D. C. (org.). **Estudos interdisciplinares de representação social**. 2. ed. Goiânia: AB, 2000. p. 39-46.

SÁ, C. P. **A construção do objeto de pesquisa em representações sociais**. Rio de Janeiro: EdUERJ, 1998.

SANCHES, C. M.; SORDI, J. O. Análise qualitativa por meio da lógica paraconsciente: método de interpretação e síntese de informação obtida por escalas Likert. *In*: ENCONTRO DE ENSINO E PESQUISA EM ADMINISTRAÇÃO E CONTABILIDADE, João Pessoa, 2011. **Anais** [...]. Disponível em: https://docplayer.com.br/27443315-Analise-qualitativa-por-meio-da-logica-paraconsistente-metodo-de-interpretacao-e-sintese-de-informacao-obtida-por-escalas-likert.html. Acesso em: 11 jan. 2019.

SANTOS, B. S. A construção multicultural da igualdade e da diferença. *In*: CONGRESSO BRASILEIRO DE SOCIOLOGIA, 7., 1995, Rio de Janeiro. **Anais** [...]. Texto policopiado. Disponível em: https://ces.uc.pt/publicacoes/oficina/ficheiros/135.pdf. Acesso em: 22 ago. 2020.

SANTOS, B. S. **Reconhecer para libertar**: os caminhos do cosmopolitanismo multicultural. Rio de Janeiro: Civilização Brasileira, 2003. Disponível em: http://www.scielo.br/pdf/ensaio/v25n95/1809-4465-ensaio-S0104-40362017002500869.pdf. Acesso em: 14 jul. 2020.

SANTOS FILHO, J. C.; GAMBOA, S. S. **Pesquisa educacional**: quantidade-qualidade. 6. ed. São Paulo: Cortez, 2007.

SASSAKI, R. K. História do emprego apoiado no Brasil. *In*: PARANÁ. Secretaria de Educação. Departamento de Educação Especial. **Formação em ação**. [Curitiba]: DEE, 1 sem. 2017. Anexo 2, p. 1-4. Disponível em: http://www.educadores.diaadia.pr.gov.br/arquivos/File/formacao_acao/1semestre2017/fa2017_escolas_especializadas_anexo2.pdf. Acesso em: 22 fev. 2019.

SASSAKI, R. K. **Inclusão**: construindo uma sociedade para todos. 8. ed. Rio de Janeiro: WVA, 2010.

SASSAKI, R. K. **Vida independente**: história, movimento, liderança, conceito, filosofia e fundamentos. São Paulo: RNR, 2003.

SAWAIA, B. O sofrimento ético-político como categoria de análise da dialética exclusão/inclusão. *In*: SAWAIA, B. B. (org.). **As artimanhas da exclusão**: análise psicossocial e ética da desigualdade social. Petrópolis: Vozes, 2002.

SHAFER, M. *et al.* Competitive employment and workers with mental retardation: analysis of employer's perceptions and experiences. **American Journal on Mental Retardation**, [*S.l.*], n. 92, p. 304-311, 1987. Disponível em: https://pubmed.ncbi.nlm.nih.gov/3426841/. Acesso em: 7 out. 2020.

SILVA, M. O. E. Da exclusão à inclusão: concepções e práticas. **Revista Lusófona de Educação**, [*S.l.*], n. 13, p. 135-153, 2009. Disponível em: http://www.scielo.mec.pt/pdf/rle/n13/13a09.pdf. Acesso em: 13 out. 2019.

SIMONELLI, A.; CAMAROTTO, J. Análise de atividades para a inclusão de pessoas com deficiência no trabalho: uma proposta de modelo. **Gest. Prod.**, São Carlos, v. 18, n. 1, p. 13-26, 2011. DOI 10.1590/S0104-530X2011000100002.

SKLIAR, C. **Educação e exclusão**: abordagem sócio-antropológica em educação especial. [*S.l.: s.n.*], 1997.

SKLIAR, C. Educação e exclusão: abordagem sócio-antropológica em educação especial. *In*: MENDES, E. G. Breve histórico da educação especial no Brasil. **Revista Educación y Pedagogía**, [*S.l.*], v. 22, n. 57, 2011.

SOUSA, A. Emprego apoiado: uma primeira abordagem. **Psicologia**, [*S.l.*], v. 14, n. 1, p. 73-82, 2000. Disponível em: http://www.scielo.mec.pt/pdf/psi/v14n1/v14n1a07.pdf. Acesso em: 11 jan. 2019.

SPINK, M. J. P. O estudo empírico da representação social. *In*: SPINK, M. J. (org.). **O conhecimento no cotidiano**: as representações sociais na perspectiva da psicologia social. São Paulo: Brasiliense, 1993.

TANAKA, E. D. O.; MANZINI, E. J. O que os empregadores pensam sobre o trabalho da pessoa com deficiência? **Revista Brasileira de Educação Especial**, [*S.l.*], v. 11, n. 2, p. 273-294, 2005. Disponível em: https://www.scielo.br/pdf/rbee/v11n2/v11n2a8.pdf. Acesso em: 10 mar. 2021.

TOLDRÁ, R. C. Políticas afirmativas: opinião das pessoas com deficiência acerca da legislação de reserva de vagas no mercado de trabalho. **Rev. Terapia Ocupacional da Univ.**, São Paulo, v. 20, n. 2, p. 110-117, maio/ago. 2009. Disponível em: https://www.revistas.usp.br/rto/article/view/14064/15882. Acesso em: 14 mar. 2021.

VASCONCELOS, F. D. **Ironias da desigualdade**: políticas e práticas de inclusão de pessoas com deficiência física. 2006. Tese (Doutorado em Saúde Coletiva) – Universidade Federal da Bahia, Salvador, 2006.

VENTURINI, E. A desinstitucionalização: limites e possibilidades. **Revista Brasileira de Crescimento e Desenvolvimento Humano**, [*S.l.*], v. 10, n. 1, p. 138-151, 2010. Disponível em: http://pepsic.bvsalud.org/pdf/rbcdh/v20n1/18.pdf. Acesso em: 13 out. 2019.

VERA, S. O. Supported employment: results after eight years applying a Chilean approach. **Journal of Vocational Rehabilitation**, [*S.l.*], v. 41, p. 53-57, 2014.

VERDUGO ALONSO, M. Á. *et al*. **Impacto social del programa ECA Caja Madrid de empleo con apoyo**. Salamanca: Instituto Universitario de Integración en la Comunidad, 2010. Disponível em: https://consaludmental.org/centro-do-cumentacion/impacto-social-programa-empleo-apoyo/. Acesso em: 22 fev. 2021.

VERDUGO ALONSO, M. Á. *et al.* Influencia de un programa de empleo con apoyo en la calidad de vida percibida de sus usuarios. **Siglo Cero**, [*S.l.*], v. 43, p. 69-83, 2012.

VERDUGO ALONSO, M. Á. *et al.* Quality of life of workers with an intellectual disability in supported employment. **Journal of Applied Research in Intellectual Disabilities**, [*S.l.*], v. 19, p. 309-316, 2006. Disponível em: https://www.research-gate.net/publication/229787759_Quality_of_Life_of_Workers_with_an_Intel-lectual_Disability_in_Supported_Employment. Acesso em: 22 fev. 2021.

VERDUGO ALONSO, M. Á.; JENARO, C. Una nueva posibilidad laboral para personas con discapacidad: el empleo con apoyo. **Siglo Cero**, [*S.l.*], v. 24, n. 3, p. 5-12, 2005.

VERDUGO ALONSO, M. Á.; JORDÁN DE URRÍES, B. **Informe ECA 2011**. Sala-manca: INICO, mar. 2011. Disponível em: odocumentaciondown.com/uploads/documentos/1d7a7aef1b78bc2d35e2c7242d68e1d43e15368f.pdf. Acesso em: 14 jul. 2020.

VERDUGO ALONSO, M. Á.; JORDÁN DE URRÍES, F. B.; VICENT RAMIS, C. **Desarrollo de un sistema de evaluación multicomponente de programas de empleo con apoyo (SEMECA)**. Salamanca: INICO, 2006. Disponível em: https://sid-inico.usal.es/documentacion/desarrollo-de-un-sistema-de-evalua-cion-multicomponente-de-programas-de-empleo-con-apoyo-semeca/. Acesso em: 15 fev. 2020.

VERONEZZI, R. F. **Novos rumos da deficiência mental**. São Paulo: Sarvier, 1980.

VERONEZZI, R. F. **O deficiente na força do trabalho**. Rio de Janeiro: [*s.n.*], 1981.

VIEIRA, C. M.; VIEIRA, P. M.; FRANCISCHETTI, I. Profissionalização de pes-soas com deficiência: reflexões e possíveis contribuições da Psicologia. **Revista Psicologia**: Organizações e Trabalho, [*S.l.*], v. 15, n. 4, p. 352-361, out./dez. 2015. Disponível em: file:///C:/Users/Vera/Documents/DOUTORADO/artigo%20 Vieira%20e%20Vieira%20Profissionaliza%C3%A7%C3%A3o%20de%20pessoas%20 com%20defici%C3%AAncia.pdf. Acesso em: 8 out. 2019.

VIEIRA, K. M.; DALMORO, M. **Dilemas na construção de escalas tipo Likert**: o número de itens e a disposição influenciam nos resultados? [*S.l.*: *s.n.*], 2008.

Disponível em: http://www.anpad.org.br/admin/pdf/EPQ-A1615.pdf. Acesso em: 24 out. 2020.

VIOLANTE, R. R.; LEITE, L. P. A empregabilidade das pessoas com deficiência: uma análise da inclusão social no mercado de trabalho do município de Bauru, SP. **Cadernos de Psicologia Social do Trabalho**, [*S.l.*], v. 14, n. 1, p. 73-91, 2011. Disponível em: https://www.revistas.usp.br/cpst/article/view/25717/27450. Acesso em: 22 fev. 2021.

VYGOTSKY, L. S. **A construção do pensamento e da linguagem**. São Paulo: Martins Fontes, 2000.

VYGOTSKY, L. S. **A formação social da mente**: o desenvolvimento dos processos psicológicos superiores. 7. ed. São Paulo: Martins Fontes, 2007.

VYGOTSKY, L. S. **Pensamento e linguagem**. 4. ed. São Paulo: Martins Fontes, 2008.

WEHMAN, P. Supported employment: what is it? **Journal of Vocational Rehabilitation**, Richmond, v. 37, n. 3, p. 139-142, 2012. Disponível em: https://content.iospress.com/articles/journal-of-vocational-rehabilitation/jvr607. Acesso em: 22 jul. 2021.

WEHMAN, P. **Supported employment in business**: expanding the capacity of workers with disabilities. St. Augustine: Training Resource Network, 2001.

WOLFENSBERGER, W. **The principle of normalization in human services**. Toronto: National Institute on Mental Retardation, 1972.

WOLTER, R. P.; SÁ, C. P. As relações entre representações e práticas: o caminho esquecido. **Revista Internacional de Ciencias Sociales y Humanidades**, [*S.l.*], v. 33, v. 1-2, p. 87-105, 2013. Disponível em: https://www.researchgate.net/publication/275889356_As_relacoes_entre_representacoes e praticas o caminho_esquecido. Acesso em: 22 fev. 2020.